VICTOR HUGO

𝕳𝖊𝖆𝖙𝖍'𝖘 𝕸𝖔𝖉𝖊𝖗𝖓 𝕷𝖆𝖓𝖌𝖚𝖆𝖌𝖊 𝕾𝖊𝖗𝖎𝖊𝖘

VICTOR HUGO

HERNANI

*EDITED WITH INTRODUCTION, AND CRITICAL AND
EXPLANATORY NOTES*

BY

JOHN E. MATZKE, Ph.D.

LATE PROFESSOR OF ROMANIC LANGUAGES, LELAND STANFORD JR.
UNIVERSITY

D. C. HEATH & CO., PUBLISHERS
BOSTON   NEW YORK   CHICAGO

Printed in U. S. A.

PREFACE.

Since the "Quarrel about the Cid," no play has so completely revolutionized French dramatic art as Victor Hugo's "Hernani." Its first representation marks an epoch in the history of the French theatre, and for this reason none is better adapted to a study both of the merits and faults of the Romantic movement in France.

It has been my endeavor to present a faultless text. I have followed the *édition ne varietur format in-18,* published by the "Maison Quantin" in Paris. But, alas ! perfection is not of this world. In a number of instances I have been forced to introduce necessary corrections. The faults concern mostly omissions or errors of punctuation ; but it is to be deplored that the *édition définitive* of Hugo's works should be to such a degree unreliable that it makes the master-workman of the Alexandrine line responsible for a verse of thirteen syllables (1084).

My object in the Introduction is to give information which will serve to place the play in its true position in the history of dramatic development. In the Notes I have striven to show the resources and material of which the poet has made use, yet have never lost sight of the grammatical and syntactical aid which a student has a right to expect in a play edited for his use. In a few instances the expected note will be found wanting; in these cases long and careful re-search has proved unsuccessful.

I have attempted an innovation, in texts edited for the study of French, which I trust will be approved. I have given frequent references in the notes to Whitney's (Wh.) and Edgren's (E.) French Grammars. In my opinion the study of grammar is most productive when it is based upon the reading.

Since my object was to edit a useful school edition, I have made free use of whatever material was at my command, without indicating at every moment the sources upon which I have drawn. One or two notes I have borrowed from Perry's edition of the play, Rivington, 1888; and a few translations, which seemed to me peculiarly happy, I have taken from the excellent English version of the play by Mrs. Crosland in the Bohn library: both of which I have indicated in the usual way.

In closing, the pleasant duty still remains to me to thank the many friends who with counsel and advice have aided me in the performance of my task, — notably Dr. Warren of Adelbert College, who has kindly read the manuscript and given me much valuable aid; Dr. Bowen of Ohio State University, who has made many valuable suggestions and aided me in the reading of the proofs; Professor Lebon of the Boston English High School, to whose kindness are due some of the notes; and Mr. S. Willard Clary of D. C. Heath & Co.

JOHN E. MATZKE.

JOHNS HOPKINS UNIVERSITY,
    October 1, 1891.

CONTENTS.

———

INTRODUCTION.

THE FRENCH THEATRE IN THE EIGHTEENTH CENTURY.

The tragedy of the eighteenth century was conventional and without literary merit. As a result of the 'Quarrel about the CID,' it was bound down by the limitations of the 'rules,' formulated by BOILEAU, in his 'Art poétique' (1674). These required a strict observance of the 'three unities' of time, place, and action, and a choice of subjects from antiquity and biblical or legendary history. The vocabulary was restricted to the so-called '*stile noble*,' all the characters presented the same general appearance, and the sentiments and ideas, to which they gave utterance, were as conventional as their language. The scene remained unchanged throughout the play, and the spectators heard a great deal of declamation, but saw little of the action on the stage.

This general artificiality affected the structure of the tragedy. Here the rule was '*le problème final est posé dès le premier acte, le second promet, le troisième menace, le quatrième inquiète et le cinquième résout.*' All subjects were treated in the same general manner. The following incident may serve to illustrate the state of conventionality at which tragedy had arrived. A young poet by the name of BRIFFAUT had written a tragedy upon a theme borrowed from Spanish history. When the bureau of censorship made some criticisms, he avoided the difficulty by merely transporting the action from *Barcelone* to *Babylone*. Nothing else in the composition needed changing, both words rhymed in -*one* and were of three syllables, and besides, it was of no consequence, whether the scene was in one place or the other.

VOLTAIRE (1694-1778) is the only tragic writer of merit during the century. He can however not be called a great tragic writer, and of his twenty-seven tragedies but two, 'Zaïre' (1732) and 'Mérope' (1743), approach in any degree the true standard of classical excellence.

The comedy of the century is of a better quality, though here as well a great deal of sameness and conventionality, both as regards the characters and the action, had crept in.

New impulses came about the middle of the century through an acquaintance with the English theatre, and through the teachings of DIDEROT.

SHAKESPEARE, first prominently mentioned in France by VOLTAIRE, was imitated by him in 'Zaïre' and some of his other tragedies. He was followed by DUCIS (1733-1816), who composed imitations of six of SHAKESPEARE's plays. The first complete translation of SHAKESPEARE in twenty volumes appeared between 1776 and 1782. Though very poor and in prose, it prepared the way for subsequent reforms.

The gradual rise of the third estate produced the 'tragédie bourgeoise' or 'comédie larmoyante,' of which LA CHAUSSÉE (1692-1754) was the originator. 'Mélanide' (1741) is his masterpiece. His dramatic theories received final expression through DIDEROT (1713-1784). The latter started with the theory that between the tragedy of CORNEILLE and RACINE and the comedy of MOLIÈRE several distinct dramatic species may exist, and thus he placed the 'serious' midway between tragedy and comedy, at the same time maintaining that similiar subdivisions may be made between the tragic and serious on the one hand, and the comic and serious on the other. 'Le fils naturel' (1757) was composed as an example of the serious composition, while 'Le père de famille' (1758) was to take its place midway between the serious and tragic. He strove to make his dramas truthful representations of real life, and to inculcate moral lessons by means of them. He respected the 'three unities' and wrote his plays in prose. His style, however, is exaggerated, and his characters are feebly delineated. This new dramatic species, of which SEDAINE'S 'Le philosophe sans le savoir' (1765) is the best example, received the name of '*tragédie domestique et bourgeoise.*'

The direct outgrowth of these theories is to be seen in the modern society drama. Nevertheless, by showing the weakness of the existing dramatic compositions and by striving to make the stage the mirror of real life, these three writers, LA CHAUSSÉE, DIDEROT, and SEDAINE, prepared the way for the romantic drama.

THE ROMANTIC DRAMA.

The term 'drama,' applied in general to the plays of LA CHAUSSÉE and DIDEROT, was defined at that time as '*une imitation fidèle de la nature, dirigée vers un but moral.*' The romanticists accepted the term, but changed its meaning.

The longest exposition concerning the nature of the romantic drama is to be found in HUGO'S famous preface to 'Cromwell,' written in 1827. It served as a manifesto, in which the teachings of the new school were embodied. Extending over some sixty-four pages, it contains a great deal which is unimportant for our purpose, but the description of the drama which it contains is in brief as follows.

The drama is to be characterized by its truthfulness to nature, and its prime purpose is to paint man in his complete and complex personality. To accomplish this object it must combine within the same composition the most opposite elements, the sublime and the grotesque, the beautiful and the ugly, the tragic and the comic.

Having thus laid down the definition of the drama, HUGO proceeds to speak of its composition. Of the 'three unities' he maintains as valid, only that of 'action.' With regard to those of 'time' and 'place,' the poet is to have the greatest liberty. He is to beware of imitating even the greatest masters; only nature and truth are to be his guides. But inasmuch as truth in art can never be absolute reality, he is to study the centuries and chronicles, and strive to reproduce the reality of facts, especially those of customs and manners. The drama is to open up to the spectator a double horizon, by portraying at once the exterior and interior of man; the exterior by his speech and action, the interior by the 'a parte's' and 'monologues.' In other words, the poet is to blend in the same picture the drama of life and the drama of conscience.

With this object in view, the poet must surround his characters with an atmosphere of reality, which is to show itself in the language, manners, dress, and stage-setting ('local coloring'). This should not be added in isolated patches to the surface of the drama, but should pervade the whole work, as the sap flows from the root to the smallest leaflet on the tree. It should be, as it were, in the air, so that the spectator shall notice, only upon entering or leaving, that he has changed atmosphere and century.

To such a composition 'verse' is the most fitting dress. This verse should be 'free' and pass easily from tragedy to comedy. It should be able to hide its monotony by a 'free cæsura' and by the 'overflow' (*enjambement*), which lengthens or shortens it. Above all, it should be faithful to 'rhyme,' that slave and queen (*esclave reine*), the highest grace of poetry. This verse should be inexhaustible in its variations, taking on a thousand shapes, without changing its character, being lyric, epic, or dramatic as the case may demand. It should avoid the '*tirade*,' be playful in dialogue, and always hide itself behind the speaker.

The 'language' of the drama should adapt itself naturally to the varying situations, and therefore the poet should have free choice within the wide range of the French vocabulary, choosing those words that best suit his purpose

The following may therefore be briefly stated as the characteristics of the romantic drama. It was to be a mirror of real life, combining tragic and comic elements. The action was to take place before the spectator and the local coloring was to be exact. The poet was to be free in regard to the unities of time and place, and the verse was to have a free cæsura, over-flow, and well-chosen rhymes.

VERSIFICATION.

The exact origin of the Alexandrine verse is not known, but it received its name and popularity from the fact that it had been used in the ROMAN D'ALEXANDRE, an Old French poem of the end of the twelfth century. In its classic form, as it was used by CORNEILLE, RACINE, and their contemporaries, and as its laws were formulated by BOILEAU, it consisted of a line of twelve syllables (or thirteen with feminine ending), and an ob-ligatory cæsura after the sixth syllable, which divided the sense as well as the rhythm into two equal parts. Each half verse is again subdivided into two equal parts, so that the normal line would consist of four elements of three syllables each. A good example of such a line is the following taken from RACINE: —

$$3 - 3 \parallel 3 - 3$$

Que l'on *cou*–re aver*tir* ∥ et hâ*ter* – la prin*ces*se.

However the only obligatory accents are those on the sixth and twelfth syllables, and the hemistichs may be divided other-wise. As for example,

$$2 - 4 \parallel 2 - 4$$

Tou*jours* – à ma dou*leur* ∥ il *met* – quelque inter*val*le.

$$\text{or } 4 - 2 \parallel 4 - 2$$

Et plût aux *dieux* – Cré*on* ∥ qu'il ne res*tât* – que *vous*.

$$\text{or } 2 - 4 \parallel 4 - 2.$$

Cré*on* – à son ex*em*∥ple a jeté *bas* – les *ar*mes.

Space does not permit, to give here all the possible varieties ; there are (according to BECQ DE FOUQUIÈRES *) in all thirty-

---

* BECQ DE FOUQUIÈRES, 'Traité Général de la Versification française,' Paris, 1879.

six of them.   The principal difference between the classic alexandrine and its romantic variation is the ·free cæsura,' which
now no longer needs to stand after the sixth syllable.   The
germs of this evolution were already contained in the classic
models.   So for example the line

> Je puis l'ai*mer* – sans ê|tre es*cla*-ve de mon *pè*re,

which is divided according to the scheme $4 - 2 \parallel 2 - 4$, might
be scanned as well

> Je puis l'ai*mer* – sans être es*cla*-ve de mon *pè*re,

now $4 - 4 - 4$.   The principle involved is, that the accent of
the hemistich becomes feebler at the expense of the following
accent in the second half of the verse.   On account of the importance of this fact, we will give here an example of each of
the possible cases that can arise.

$$3 - 3 \parallel 2 - 4 = 3 - 5 - 4$$

Quelque*fois* – elle ap*pel*‖le O*res*-te à son se*cours,*

or,   Quelque*fois* – elle appelle O*res*-te à son se*cours.*

$$4 - 2 \parallel 3 - 3 = 4 - 5 - 3.$$

L'événe*ment* – n'a *point* ‖ démen*ti* – mon at*tente,*

or,   L'événe*ment* – n'a point démen*ti* – mon at*tente.*

$$3 - 3 \parallel 1 - 4 = 3 - 4 - 5.$$

Quand l'em*pi*-re de*voit* ‖ *sui*-vre son hymen*ée,*

or,   Quand l'em*pi*-re devoit *sui*-vre son hymen*ée.*

$$2 - 4 \parallel 2 - 4 = 2 - 6 - 4.$$

Crois *tu* – qu'ils me sui*vraient* ‖ en*co*-re avec plai*sir.*

or,   Crois *tu* – qu'ils me suivraient en*co*-re avec plai*sir.*

$$3 - 3 \parallel 3 - 3 = 3 - 6 - 3.$$

Que les *Scy*-thes au*raient* ‖ dérob*é*-e à vos *coups,*

or,   Que les *Scy*-thes auraient dérob*é*-e à vos *coups.*

$$5 - 1 \parallel 2 - 4 = 5 - 3 - 4.$$

Ne courons-nous *pas* - *ren*‖dre Hél*è*-ne à son é*poux,*

or,   Ne courons-nous *pas* – rendre Hél*è*-ne à son é*poux.*

The romantic alexandrine is based upon the weakened accent of the sixth syllable, and a consequent fusion of the second and third rhythmic elements. Instead of four it contains but three such rhythmic elements. The following is a complete list (according to Becq de Fouquières) of the possible variations. The examples are taken from our play, and arranged in the order of their most frequent occurrence.

$$3 - 5 - 4.$$

l. 29.   Qu'est cet *hom*|me ?   Jésus mon *Dieu !* | si j'appe*lais ?*
(105 times.)

$$3 - 6 - 3.$$

l. 42.   Je ne *sais.* | Vous devez avoir *froid !* | Ce n'est *rien.*
(78 times.)

$$4 - 5 - 3.$$

l. 48.   Au malheu*reux* | que tout aban*don*|ne et re*pous*se ?
(70 times.)

$$4 - 4 - 4.$$

l. 39.   Pourquoi le *sort* | mit-il mes *jours* | si loin des *vô*tres ?
(69 times.)

$$2 - 6 - 4.$$

l. 41.   Jé*sus !* | votre manteau ruis*sel*|le ? il pleut donc *bien ?*
(56 times.)

$$4 - 6 - 2.$$

l. 8.   Un cava*lier* | sans barbe et sans mous*ta*|che enc*o*re.
(26 times.)

$$2 - 5 - 5.$$

l. 4.   Au *feu !* | Deux mots de plus, du*è*|gne, vous êtes *mor*te.
(8 times.)

$$3 - 4 - 5.$$

l. 506.   Vous mon*trer* | que je suis *da*|me et que je suis *fem*me.
(7 times.)

$$5 - 3 - 4.$$

l. 34.   Josefa !   Ma*da*|me ?   Ah ! je *crains* | quelque mal*heur.*
(7 times.)

$$5 - 4 - 3.$$

l. 25.   Ouf ! Un homme i*ci !* | C'est une *fem*|me, est-ce *pas,*
(6 times.)

$$1 - 6 - 5.$$

l. 290.   *Duc*, | est-ce pour l'aller *di*|re à tous tes va*lets*.

(6 times.)

$$4 - 3 - 5.$$

l. 317.   Je lui rends *Na*|ple.   Ayons *l'ai*|gle et puis nous ver*rons*.

(4 times.)

$$5 - 5 - 2.$$

l. 365.   De se laisser *fai*|re ?   Hé ! quel est ce *chef ?* | son *nom ?*

(4 times).

$5 - 2 - 5$ and $5 - 6 - 1$ do not occur in our play.

Besides these, there are found the following variations of the romantic line, which are not usually recognized.

$$2 - 7 - 3.$$

l. 143.   En*ten*|dre en allaitant quelque en*fant* | qui s'é*vei*l*le*.

(44 times.)

$$3 - 7 - 2.$$

l. 324.   C'est une *î*|le qui pend à mon roy*au*|me, une *î*le.

(28 times.)

$$1 - 7 - 4.$$

l. 16.   *Oui.* | Sans doute elle attend son *jeu*|ne ? Oui. Que je *meu*re !

(21 times.)

$$1 - 8 - 3$$

l. 671.   *Va,* | j'en ai respiré le par*fum*, | c'est as*sez !*

(7 times.)

$$2 - 8 - 2.$$

l. 258.   Mes*sieurs !* | Avons-nous fait cela pour *ri*|re ?   *Quoi !*

(6 times.)

$$3 - 8 - 1.$$

l. 22.   Cette *boî*|te ! Va-t'en, si tu n'en veux *pas.* | *Si !*

(1 time)

Thus it appears that there are in all 553 romantic lines, or lines consisting of three rhythmic elements in our play,* leaving a total of 1613 classic verses.   But of these a number cannot be

---

* For a fuller treatment of the versification in 'Hernani' *v.* 'Modern Language Notes,' VI. col. 336.

called truly classic alexandrines, although they consist of four rhythmic elements. In many the principal cæsura does not coincide with the hemistich. Often the cause of this irregularity is the overflow or some other complication of syntax, as for example :

O ciel! j'entends le pas

l. 27.   De doña Sol. — Seigneur, fermez vite la porte.

In other cases the irregularity is caused by the dialogue, which in classic verse divided the lines usually at the hemistich ; here this division may fall after any syllable in the line, as for example :

l. 15.   N'y plus penser ?
C'est là ce qui vous désespère ?

Both kinds of verse agree, however, in this particular, that it must always be possible to verify the measure of the line by its rhythm. The classic poet arrived at this result by dividing the line into equal parts. HUGO has always respected this fundamental law. However he may have disposed his rythmic accents, he has always placed as sixth syllable one so prominent through accent or sense, that the voice must stop on it, and the ear become certain, that the first half of the line is completed.

If the accent on the twelfth syllable is weakened in a similar manner, so that the rhythm as well as the sense require a stop only in the following line, we have what is known in French versification by the name of *enjambement* (or ' overflow '). The irregular (or free) cæsura causes overflow between the hemistichs, the weakened accent of the twelfth syllable causes overflow between the lines. This feature of romantic versification can be observed on every page of our play.

The result of this overflow is that the end of the verse becomes indistinct, by virtue of its fusion with the following line. As a natural consequence follows the growing importance of the ' rhyme.' The following are the different kinds of French rhyme, the examples taken from HERNANI.

b

1. sufficient rhyme (*rime suffisante*).

    a. the final vowel (+ unaccented e) rhyme.
        masc. *roi : moi* (1495).
        fem. *proie : joie* (1645).

    b. the accented vowel + consonant (+ unaccented e) rhyme.
        masc. *émeut : veut* (1451) ; *Babel : ciel* (1567).
        fem. *éclose : chose* (1453) ; *sombre : nombre* (1541).

2. rich rhyme (*rime riche*).

    a. consonant + accented vowel (+ unaccented e) rhyme.
        masc. *tombeau : beau* (1483).
        fem. *pensée : laisée* (1441).

    b. consonant + accented vowel + consonant (+ unaccented e) rhyme.
        masc. *créateur : hauteur* (1439).
        fem. *conclave : esclave* (1457).

3. over-rich rhyme (*rime surabondante*).

    a. the unaccented vowel + consonant + accented vowel (+ unaccented e) rhyme.
        masc. *vérité : éternité* (61).
        fem. *statues : abattues* (1661).

    b. the unaccented vowel + consonant + accented vowel + consonant (+ unaccented e) rhyme.
        masc. *faillir : tressaillir* (1551).
        fem. *militaires : héréditaires* (1445).

In general the rhymes are distributed as follows :
                sufficient rhymes 482.
                rich rhymes   532.
                over-rich rhymes 69.

HERNANI.

The events of our play are entirely imaginary. The proto-type of HERNANI is probably an impostor,* who in the year 1522 played a prominent part in the insurrections at Valencia, and who claimed to be the son of the infante John, eldest son of Ferdinand and Isabella. History, however, tells of no such conspiracy to deprive Charles V. of the throne to which he was elected, as the ' sacro-sainte ' league, which plays such a prom-inent part in our drama.

There is, however, a very deceptive atmosphere of truth and reality about the different personages of the play With such skill and power has HUGO here distributed historical allusions, and clothed the whole action with such a similitude of reality, that the student will often become aware only after long and unsuccessful research, that he has before him not an event or a character of history, but a creation of the poet's subtle fancy. It is hardly necessary to add, that the names occurring in the play are of frequent recurrence in Spanish history.

For some time Hugo was in doubt what title to give to the drama. The original Ms. of the play bears on the title page the Spanish inscription ' TRES PARA UNA' (Three for one), referring to the suit of three men for the love of Doña Sol. The handbills for the first representation gave the title ' HER-NANI OU L'HONNEUR CASTILLAN, thus indicating the ' Roman-cero General,' and CORNEILLE'S ' Cid,' whence he had drawn his inspiration. The title which it finally received, while being the least expressive of the three, is also the most comprehen-sive. All three indicate, however, three main questions in the play : 1. Who will gain the hand of Doña Sol? 2. How will the Castilian idea of honor influence the actions of the charac-ters of the play? 3. What is the destiny of Hernani? Thus it appears at once that the unity of action, the only one of the three unities which Hugo recognized, is not observed. The

* ' Modern Language Notes,' VI col. 74–82.

larger part of act iv. being mainly concerned with the election of Charles to the throne of Germany, is foreign to the development of the action of the drama. The whole of act v., containing the vengeance of Don Ruy Gomez, also appears an unnecessary addition, leaving behind a painful impression, since the action had already attained a satisfactory end with the fourth act. This fault in the composition was recognized at once. In a parody, which was played on the 12th of March at the theatre of the 'Porte-Saint-Martin,' under the title '*N.I. NI, ou le danger des Castilles,' amphigouri romantique en cinq tableaux et en vers*, when the curtain fell after the fourth tableau (act) and the spectators prepared to leave, the manager stepped forward, and said, with an air of great seriousness, '*Messieurs, l'administration vous supplie de rester ; vous avez peut-être cru que la pièce était terminée, tout le monde l'aurait pensé comme vous, mais il y a encore un acte, pour le second et vrai dénouement de l'ouvrage.*'

A similar criticism must be passed upon the individual characters. Their greatest weakness arises from the fact that Hugo is a greater lyric poet than he is a dramatist. Some of the finest passages in our play (as for example act v., scene 3) are so pre-eminently because of their lyric qualities. The famous monologue of Charles (act iv., scene 2) does not contain so much the thoughts of Don Carlos, as it is a eulogy of the emperor Napoleon Bonaparte, the poet's ideal hero at the time.

The unity of place is preserved within each act, the greatest changes taking place in act iv. (Aix-la-Chapelle), and act v. (the palace of Aragon). Changes within the act do not occur, and one may even regard the appearance of Doña Sol at Aix-la-Chapelle as bearing a certain semblance of reality.

We are left in ignorance as to the time occupied by the action of the play. The action of act ii. takes place twenty-four hours after that of act i., but no clue whatever is given as to the time intervening between the remaining acts.

The accuracy of description and local coloring are well-nigh perfect. While in some of HUGO's other plays, 'Cromwell' not excluded, historical accuracy has become merely a useless burden of historical minutiæ, we have here only such historical and traditional information, as serves to describe the people, their ways of thinking, their customs and manners. Anachronisms (as l. 363, 1357, 1400), or historical inaccuracies (as l. 317, 1677) are few, and such as do not detract from the truthfulness of the picture. Even those allusions which appear to be entirely imaginary, only tend to heighten the general impression.

The drama is full of that antithesis which is so characteristic of HUGO's style. It shows itself in the titles of the acts, act i. *le roi*, act ii. *le bandit*, act iv., *le tombeau*, act v. *la noce*, and can besides be seen on almost every page ; note such lines as 614, 666, 852. Dialogue favors this mode of expression, and from their very comprehensiveness such lines form one of the beauties of HUGO's style. This antithesis appears farther in the grouping of the characters. The bandit loves the noble lady and shows himself to be John of Aragon. The old and the young man, the bandit and the king, are rival suitors for the hand of Doña Sol. When, however, this antithesis is carried to such a degree as to unite the most opposite extremes within the same nature, consistency in character becomes impossible. Hernani is a bandit full of honor ; the profligate and selfish king becomes the philosophizing and magnanimous emperor ; Don Ruy Gomez filled with thoughts of honor commits an act of the meanest jealousy. Here lies the principal cause of the fact that the characters of our play, though drawn with such a master's hand, have so little foundation in reality.

These faults became more prominent with each successive drama of our poet. The double nature of man and the existence of what is most noble and most debased side by side in the same nature, which he had laid down in the preface to 'Cromwell' as the guiding principle for the poet in the delineation of his characters, developed into a mannerism, and led him gradually more and more away from that reality, which he

strove to attain. His characters became more unreal than those
of tragedy

These faults are redeemed by a profound knowledge of history, whence he draws touches of local coloring, by a certain
picturesque vivacity, which gives to his dramas the appearance
of reality, and by scenic instinct, which led him to combine
dramatic incidents in just proportions. Even those of his spectators who resist his influence are moved and interested.

The other dramatists of the school show the same faults
without the redeeming features, and thus the romantic drama
died, because it had not fulfilled its promises. Yet it cannot
be denied that the romanticists have brought about a revolution in French dramatic art, and since the first representation
of Hernani no truly classic tragedy has been successfully composed in France. The innovations which have proved lasting
are those in language and versification, the freedom of choice
with regard to the unities of time and place, the elaborate stage-
setting and the fusion of tragic and comic elements within the
same composition.

The First Representation of Hernani.
(February 25, 1830.)

The play was finished by the 25th of September, 1829. On
the first of October it was read before a committee of the Théâtre Français, and received by acclamation. The rôles were at
once distributed, and the rehearsals begun. The poet was
always present, counselling and criticising. But hostility began
to show itself very soon. Hugo tells the following incident as
an example. Mlle. Mars, who played the rôle of Doña Sol,
was ill disposed towards the dramatic innovations which the
play embodied, and had accepted her part merely from a feeling
of jealousy, lest it might be played by another. On one occasion she showed open opposition. When she had arrived at
l. 1028,

Vous êtes mon lion superbe et généreux,

she stopped during several of the rehearsals, and asked HUGO
to alter the line.   She suggested to change the wording to

Vous êtes, monseigneur, superbe et généreux,

which would have rendered the verse flat, but faultless to the
classic eye.   HUGO answered that he would rather be hissed
for a good verse than applauded for a poor one.   She insisted,
however, and it was only when the poet asked her to give up
her rôle that she sullenly acquiesced.   Opposition from without
was not less aggressive.   The rehearsals were secret, and the
hostile newspapers employed every means in their power to
obtain some knowledge of the play before its first public representation.   Some went so far as to employ spies to enter by
stealth into the hall of the theatre, or to listen at the doors, and
the information, thus obtained, was employed in ridiculing the
drama, and predisposing the public against it.   Nevertheless,
the rehearsals progressed, and the first representation could be
fixed for the 25th of February.   But it had already become
evident that a battle was to be fought, and that it would be a
severe one.   How great, therefore, was the astonishment when
it became known that HUGO had refused the aid of the ' *claqueurs,*' * to sustain the piece.   These men, he said, would ap-
plaud him but unwillingly, because they had their tastes as well
as the members of the Academy, and their idols at the time
were Delavigne and Scribe.   A new art called for a new audience, and therefore he stated as his intention that he would
invite the young poets, painters, sculptors, musicians, and
printers of Paris, to take the places of the hired applauders
Though this seemed at first a piece of folly, it was really a mas-
terstroke of HUGO.   Hardly had his intention become known,
when that whole body of young men, of whom the romantic
movement in every domain of art and literature was composed,
came to offer their services.   As tickets of admission HUGO

---

* A French theatre possesses a body of hired ' *claqueurs* ' or applauders,
whose office it is to sustain a new play during its first representations.

distributed among them small slips of red paper, which had
stamped upon them in his own handwriting the Spanish word

Hierro iron

The young men asked to be allowed to enter the theatre before the audience. The permission was granted, but for fear of
coming too late, they came too early. At one o'clock they
gathered in the *rue de Richelieu*, a crowd of young men dressed
in every way, except in that which was fashionable. It was the
fashion to wear periwigs ; they wore their own hair, some of
them in curls, which extended down to their shoulders. In
place of the traditional swallow-tail coat of the time, the vest of
black silk, the starched necktie, and the very high standing col-
lar, which formed, as it were, blinders to the eye-glasses, they
were dressed in satin or velvet coat and trousers of the most
brilliant colors. The high silk hat was replaced by the soft
felt hat, and those among them who were not rich enough to
realize their dreams in regard to dress came in simple blouse.
Especially THÉOPHILE GAUTIER shocked the eyes of the classicists. He was dressed in scarlet vest, which he had especially
designed for the occasion, pale-green trousers, black coat with
velvet trimmings, and a gray overcoat lined with green satin.
His hair fell in long curls over his shoulders.

. The crowd entered the theatre about two o'clock in the after-
noon, and many weary hours of waiting had therefore to be
spent, before the curtain would rise, and the battle could begin
They distributed themselves carefully over the whole house,
occupying the pit and all the hidden corners of the galleries,
where an enemy of the new drama might hide. But the hours
of waiting are long. They began by discussing the new drama

and what they knew of it, then they dined upon the lunch which they had brought along, finally they sang songs, and amused themselves in other ways. At last the gas was lighted, and the public entered.

The classicists were shocked by the scene which they saw before them ; a murmur of disapproval was heard all over the theatre; and a tumult might have ensued, so great was the animosity between the two factions. Happily, the traditional three blows were heard behind the scene, and the curtain rose. Hardly had Doña Josefa pronounced the two opening lines

> *Serait-ce déjà lui ? C'est bien à l'escalier*
> *Dérobé,*

when the quarrel commenced. This daring overflow was against the rules, and hisses from the classics and answers from the romantics filled the house. Line 463,

> *Est-il minuit ? Minuit bientôt*

produced a violent uproar. HUGO violated here all the classic traditions. Does a king, they cried, ask for the time of day like the meanest of common people. How much more natural and of better taste it would have been, to say

> *Du haut de ma demeure,*
> *Seigneur, l'horloge enfin sonne la douzième heure.*

In similar manner, every scene was greeted with hoots and hisses on one side, and with the loudest applause on the other. But as the action progressed, the genius of the poet, and the beauties of the piece, gained upon the audience. In the second act during the dialogue between Don Carlos and Hernani, some of the boxes applauded, and the battle seemed won. Still, the danger was not yet passed. The picture-scene in the third act, of which the opposition had gained some information, had been parodied in the Vaudeville theatre, and Don Ruy Gomez had been represented as a ' *montreur d'ours.*' At the sixth portrait murmurs were heard, at the eighth hisses and whistles, but the verse

J'en passe, et des meilleurs

saved the situation. The last portrait was greeted with applause. The success of the piece was assured by the monologue of Charles V. in the fourth act, which was interrupted by
bravo cries at almost every line, and ended with an intermi-
nable burst of applause.

Entering the dressing-room of Mlle. MARS, the poet found
her in an angry humor on account of the little applause with
which her rôle had been received so far. In this mood she
entered on the scene at the beginning of the fifth act. But
when she appeared dressed in the bridal costume of Doña Sol,
her success was instantaneous, the audience was now favorably
disposed, and when she recited the beautiful dialogue with
Hernani, so full of lyric beauty and pathos, she had no longer
reason to envy the success of the male rôles of the play. The
representation ended in a complete victory. A shower of bou-
quets fell at the feet of Doña Sol, and the author was loudly
called for by the boxes.

However, it was evident that the battle would have to be
fought anew on the following evening, and the friends of the
poet were again in their places. When the curtain rose, a
shower of bits of paper was thrown by some unknown hand
from one of the galleries upon the audience below, as if to irri-
tate them and invite them to battle. The storm broke during
the first act.

Nous sommes trois chez vous ! C'est trop de deux, Madame

(220)

was greeted by a burst of laughter, which grew even louder at
the verse.

Oui, de ta suite, ô roi ! de ta suite ! — J'en suis.

By mistake, M. FIRMIN declaimed

Oui, de ta suite, ô roi ! — De ta suite j'en suis ;

and this ' *de ta suite j'en suis*' for months served the classicists
as words of greeting upon meeting each other. Every burst of

laughter was answered by the poet's friends with the most enthusiastic applause, so that the picture scene was received even more favorably than the evening before. The monologue, on the other hand, which had been applauded the night before, was attacked with ridicule. Similar scenes were repeated on the third evening. After that representation HUGO no longer had 1500 places to give to his friends ; only 100 remained at his disposal for each evening. It was now that the serious battle commenced. Every representation was accompanied by a terrible uproar. It became the fashion in the salons of Paris to go to laugh at Hernani (*rire à Hernani*). Some read the papers ; others turned their backs to the stage ; others went out during the representation, slamming the doors after them At the same time the poet's friends were there, answering each mark of opposition, defending the piece line by line, ridiculing, even insulting, the enemies.

The violence of the opposition can be seen from the fact that no less than four parodies on HERNANI were represented in the different theatres of Paris. On March 12, ' N, I, NI, ou le danger des Castilles' in the theatre of the ' Porte Saint-Martin '; March 16, 'Oh ! qu' Nenni, ou le Mirliton fatal ' in the ' Théâtre de la Gaîté '; March 23, ' HERNANI, imitation burlesque du drame du Théâtre-Francais ' in the ' Théâtre des Variétés,' and on the same day ' HARNALI, ou la Contrainte par Cor ' in the ' Théâtre du Vaudeville.'

The play was finally stopped at its forty-fifth representation, on account of a leave of absence of Mlle. MARS. A new representation was undertaken in the year 1838, when it maintained its place in the repertory of the French stage until the year 1851. It was taken up again in 1867, and has been played with some intermission ever since.

HERNANI.

—————•—————

PRÉFACE DE L'AUTEUR.

L'auteur de ce drame écrivait, il y a peu de semaines, à propos d'un poëte mort avant l'âge :

" . . . Dans ce moment de mêlée et de tourmente littéraire, qui faut il plaindre, ceux qui meurent ou ceux qui combattent? Sans doute, il est triste de voir un poëte de vingt ans qui s'en va, une lyre qui se brise, un avenir qui s'évanouit; mais n'est-ce pas quelque chose aussi que le repos? N'est-il pas permis à ceux autour desquels s'amassent incessamment calomnies, injures, haines, jalousies, sourdes menées, basses trahisons; hommes loyaux auxquels on fait une guerre déloyale; hommes dévoués qui ne voudraient enfin que doter le pays d'une liberté de plus, celle de l'art, celle de l'intelligence; hommes laborieux qui poursuivent paisiblement leur œuvre de conscience, en proie d'un côté à de viles machinations de censure et de police, en butte de l'autre, trop souvent, à l'ingratitude des esprits mêmes pour lesquels ils travaillent; ne leur est-il pas permis de retourner quelquefois la tête avec envie vers ceux qui sont tombés derrière eux et qui dorment dans le tombeau? *Invideo,* disait Luther dans le cimetière de Worms, *invideo, quia quiescunt.*

"Qu'importe toutefois? Jeunes gens, ayons bon courage ! Si rude qu'on nous veuille faire le présent, l'avenir sera beau. Le romantisme, tant de fois mal défini, n'est, à tout prendre, et c'est là sa définition réelle, si l'on ne l'envisage que sous son côté militant, que le *libéralisme* en littérature. Cette vérité est déjà comprise à peu près de tous les bons esprits, et le nombre en est grand ; et bientôt, car l'œuvre est déjà bien avancée, le libéralisme littéraire ne sera pas moins populaire que le libéralisme politique. La liberté dans l'art, la liberté dans la société, voilà le double but auquel doivent tendre d'un même pas tous les esprits conséquents et logiques ; voilà la double bannière qui rallie, à bien peu d'intelligences près (lesquelles s'éclaireront), toute la jeunesse si forte et si patiente d'aujourd'hui ; puis, avec la jeunesse et à sa tête, l'élite de la génération qui nous a précédés, tous ces sages vieillards qui, après le premier moment de défiance et d'examen, ont reconnu que ce que font leurs fils est une conséquence de ce qu'ils ont fait eux-mêmes et que la liberté littéraire est fille de la liberté politique. Ce principe est celui du siècle, et prévaudra. Les *ultras* de tout genre, classiques ou monarchiques, auront beau se prêter secours pour refaire l'ancien régime de toutes pièces, société et littérature, chaque progrès du pays, chaque développement des intelligences, chaque pas de la liberté fera crouler tout ce qu'ils auront échafaudé. Et, en définitive, leurs efforts de réaction auront été utiles. En révolution, tout mouvement fait avancer. La vérité et la liberté ont cela d'excellent que tout ce qu'on fait pour elles et tout ce qu'on fait contre elles les sert également. Or, après tant de grandes choses que nos pères ont faites et que nous avons vues, nous voilà sortis de la vieille forme sociale ; comment ne sortirions-nous pas de la vieille forme poétique ? A peu-

ple nouveau, art nouveau. Tout en admirant la littérature
de Louis XIV, si bien adaptée à sa monarchie, elle saura bien
avoir sa littérature propre et personnelle et nationale, cette
France actuelle, cette France du dix-neuvième siècle, à qui
Mirabeau a fait sa liberté et Napoléon sa puissance." [1]

Qu'on pardonne à l'auteur de ce drame de se citer ici
lui-même ; ses paroles ont si peu le don de se graver dans
les esprits, qu'il aurait souvent besoin de les rappeler.
D'ailleurs, aujourd'hui, il n'est peut-être point hors de propos de remettre sous les yeux des lecteurs les deux pages
qu'on vient de transcrire. Ce n'est pas que ce drame puisse
en rien mériter le beau nom d'*art nouveau*, de *poésie nouvelle*,
loin de là ; mais c'est que le principe de la liberté en littérature vient de faire un pas ; c'est qu'un progrès vient de
s'accomplir, non dans l'art, ce drame est trop peu de chose,
mais dans le public ; c'est que, sous ce rapport du moins,
une partie des pronostics hasardés plus haut viennent de se
réaliser.

Il y avait péril, en effet, à changer ainsi brusquement
d'auditoire, à risquer sur le théâtre des tentatives confiées
jusqu'ici seulement, au papier *qui souffre tout ;* le public des
livres est bien différent du public des spectacles, et l'on
pouvait craindre de voir le second repousser ce que le
premier avait accepté. Il n'en a rien été. Le principe de
la liberté littéraire, déjà compris par le monde qui lit et qui
médite, n'a pas été moins complétement adopté par cette
immense foule, avide des pures émotions de l'art, qui inonde
chaque soir les théâtres de Paris. Cette voix haute et puissante du peuple, qui ressemble à celle de Dieu, veut désormais que la poésie ait la même devise que la politique :
TOLÉRANCE ET LIBERTÉ.

[1] Lettre aux éditeurs des poésies de M. Dovalle.

Maintenant vienne le poëte ! il y a un public.

Et cette liberté, le public la veut telle qu'elle doit être, se conciliant avec l'ordre, dans l'état, avec i'art, dans la littérature. La liberté a une sagesse qui lui est propre, et sans laquelle elle n'est pas complète. Que les vieilles règles de d'Aubignac meurent avec les vieilles coutumes de Cujas, cela est bien ; qu'à une littérature de cour succède une littérature de peuple, cela est mieux encore ; mais surtout qu'une raison intérieure se rencontre au fond de toutes ces nouveautés. Que le principe de liberté fasse son affaire, mais qu'il la fasse bien. Dans les lettres, comme dans la société, point d'étiquette, point d'anarchie : des lois. Ni talons rouges, ni bonnets rouges.

Voilà ce que veut le public, et il veut bien. Quant à nous, par déférence pour ce public qui a accueilli avec tant d'indulgence un essai qui en méritait si peu, nous lui donnons ce drame aujourd'hui tel qu'il a été représenté. Le jour viendra peut-être de le publier tel qu'il a été conçu par l'auteur, en indiquant et en discutant les modifications que la scène lui a fait subir. Ces détails de critique peuvent ne pas être sans intérêt ni sans enseignements, mais ils sembleraient minutieux aujourd'hui ; la liberté de l'art est admise, la question principale est résolue ; à quoi bon s'arrêter aux questions secondaires ? nous y reviendrons du reste quelque jour, et nous parlerons aussi, bien en détail, en la ruinant par les raisonnements et par les faits, de cette censure dramatique qui est le seul obstacle à la liberté du théâtre, maintenant qu'il n'y en a plus dans le public. Nous essayerons, à nos risques et périls, et par dévouement aux choses de l'art, de caractériser les mille abus de cette petite inquisition de l'esprit, qui a, comme l'autre saint-office, ses juges secrets, ses bourreaux masqués. ses tortures, ses muti-

lations et sa peine de mort.   Nous déchirerons, s'il se peut,
ces langes de police dont il est honteux que le théâtre soit
encore emmailloté au dix-neuvième siècle.

Aujourd'hui il ne doit y avoir place que pour la reconnais-
sance et les remerciements.   C'est au public que l'auteur de
ce drame adresse les siens, et du fond du cœur.   Cette
œuvre, non de talent, mais de conscience et de liberté, a
été généreusement protégée contre bien des inimitiés par le
public, parce que le public est toujours aussi, lui, conscien-
cieux et libre.   Grâces lui soient donc rendues, ainsi qu'à
cette jeunesse puissante qui a porté aide et faveur à l'ouvrage
d'un jeune homme sincère et indépendant comme elle !   C'est
pour elle surtout qu'il travaille, parce que ce serait une gloire,
bien haute que l'applaudissement de cette élite de jeunes
hommes, intelligente, logique, conséquente, vraiment libérale
en littérature comme en politique, noble génération qui ne
se refuse pas à ouvrir les deux yeux à la vérité et à recevoir
la lumière des deux côtés.

Quant à son œuvre en elle-même, il n'en parlera pas.
Il accepte les critiques qui en ont été faites, les plus sévères
comme les plus bienveillantes, parce qu'on peut profiter à
toutes.   Il n'ose se flatter que tout le monde ait compris
du premier coup ce drame, dont le *Romancero General* est
la véritable clef.   Il prierait volontiers les personnes que
cet ouvrage a pu choquer de relire *le Cid*, *Don Sanche*,
Nicomède, ou plutôt tout Corneille et tout Molière, ces
grands et admirables poëtes.   Cette lecture, si pourtant
elles veulent bien faire d'abord la part de l'immense infé-
riorité de l'auteur d'*Hernani*, les rendra peut-être moins
sévères pour certaines choses qui ont pu les blesser dans la
forme ou dans le fond de ce drame.   En somme, le moment
n'est peut-être pas encore venu de le juger.   *Hernani* n'est

jusqu'ici que la première pierre d'un édifice qui existe tout construit dans la tête de son auteur, mais dont l'ensemble peut seul donner quelque valeur à ce drame. Peut-être ne trouvera-t-on pas mauvaise un jour la fantaisie qui lui a pris de mettre, comme l'architecte de Bourges, une porte presque moresque à sa cathédrale gothique.

En attendant, ce qu'il a fait est bien peu de chose, il le sait. Puissent le temps et la force ne pas lui manquer pour achever son œuvre ! Elle ne vaudra qu'autant qu'elle sera terminée. Il n'est pas de ces poëtes privilégiés qui peuvent mourir ou s'interrompre avant d'avoir fini, sans péril pour leur mémoire ; il n'est pas de ceux qui restent grands, même sans avoir complété leur ouvrage, heureux hommes dont on peut dire ce que Virgile disait de Carthage ébauchée :

> Pendent opera interrupta, minæque
> Murorum ingentes !

9 mars 1830.

HERNANI

PERSONNAGES.

HERNANI.

DON CARLOS.

DON RUY GOMEZ DE SILVA.

DOÑA SOL DE SILVA.

LE DUC DE BAVIÈRE.

LE DUC DE GOTHA.

LE DUC DE LUTZELBOURG.

DON SANCHO.

DON MATIAS.

DON RICARDO.

DON GARCI SUAREZ.

DON FRANCISCO.

DON JUAN DE HARO.

DON GIL TELLEZ GIRON

PREMIER CONJURÉ.

UN MONTAGNARD.

JAQUEZ.

DOÑA JOSEFA DUARTE.

UNE DAME.

CONJURÉS DE LA LIGUE SACRO-SAINTE, ALLEMANDS ET ESPAGNOLS.

MONTAGNARDS, SEIGNEURS, SOLDATS, PAGES, PEUPLE, ETC.

ESPAGNE. — 1519.

ACTE PREMIER
LE ROI

SARAGOSSE

Une chambre à coucher. La nuit. Une lampe sur une table.

SCÈNE PREMIÈRE

DOÑA JOSEFA DUARTE, *vieille, en noir, avec le corps de sa jupe cousu de jais, à la mode d'Isabelle la Catholique ;* DON CARLOS.

DOÑA JOSEFA, *seule.*

Elle ferme les rideaux cramoisis de la fenêtre et met en ordre quelques fauteuils. On frappe à une petite porte dérobée à droite. Elle écoute. On frappe un second coup.

Serait-ce déjà lui ?

> *Un nouveau coup.*

C'est bien à l'escalier

Dérobé.

> *Un quatrième coup.*

Vite, ouvrons.

Elle ouvre la petite porte masquée.   Entre don Carlos, le
  manteau sur le nez et le chapeau sur les yeux.

Bonjour, beau cavalier.

Elle l'introduit.   Il écarte son manteau et laisse voir un
  riche costume de velours et de soie, à la mode castillane de
  1519.   Elle le regarde sous le nez et recule étonnée.

Quoi, seigneur Hernani, ce n'est pas vous ! — Main-forte !
Au feu !

DON CARLOS, *lui saisissant le bras.*

Deux mots de plus, duègne, vous êtes morte !
  Il la regarde fixement.   Elle se tait, effrayée.

Suis-je chez doña Sol ? fiancée au vieux duc
De Pastraña, son oncle, un bon seigneur, caduc,   5
Vénérable et jaloux ? dites ? La belle adore
Un cavalier sans barbe et sans moustache encore,
Et reçoit tous les soirs, malgré les envieux,
Le jeune amant sans barbe à la barbe du vieux.   10
Suis-je bien informé ?

Elle se tait.   Il la secoue par le bras.
        Vous répondrez peut-être ?

DOÑA JOSEFA.

Vous m'avez défendu de dire deux mots, maître.

DON CARLOS.

Aussi n'en veux-je qu'un. — Oui, — non. — Ta dame est bien
Doña Sol de Silva ? parle.

DOÑA JOSEFA.

Oui. — Pourquoi ?

d future husband

DON CARLOS.

                                        Pour rien.
Le duc, son vieux futur, est absent à cette heure?   15

DOÑA JOSEFA.

Oui.

DON CARLOS.

Sans doute elle attend son jeune?

DOÑA JOSEFA.

                                        Oui.

DON CARLOS.

                                   Que je meure !

DOÑA JOSEFA.

Oui.

DON CARLOS.

Duègne, c'est ici qu'aura lieu l'entretien?

DOÑA JOSEFA.

Oui.

DON CARLOS.

Cache-moi céans.

DOÑA JOSEFA.
Vous !

DON CARLOS.
Moi.

DOÑA JOSEFA.
                              Pourquoi?

DON CARLOS.

Pour rien.

DOÑA JOSEFA.

Moi, vous cacher !

DON CARLOS.

Ici.

DOÑA JOSEFA.

Jamais !

DON CARLOS, *tirant de sa ceinture un poignard et une bourse*
— Daignez, madame,
Choisir de cette bourse ou bien de cette lame.   2c

DOÑA JOSEFA, *prenant la bourse.*

Vous êtes donc le diable ?

DON CARLOS.
Oui, Duègne.

DOÑA JOSEFA, *ouvrant une armoire étroite dans le mur*

Entrez ici.

DON CARLOS, *examinant l'armoire.*

Cette boîte ?

DOÑA JOSEFA, *la refermant.*

Va-t'en, si tu n'en veux pas.

DON CARLOS, *rouvrant l'armoire.*

Si !

L'examinant encore.

Serait-ce l'écurie où tu mets d'aventure
Le manche du balai qui te sert de monture?
        Il s'y blottit avec peine.

Ouf!

        DOÑA JOSEFA, *joignant les mains et scandalisée.*
    Un homme ici!

        DON CARLOS, *dans l'armoire restée ouverte.*
                C'est une femme, est-ce pas,   25
Qu'attendait ta maîtresse?

                DOÑA JOSEFA.
                O ciel! j'entends le pas
De doña Sol. — Seigneur, fermez vite la porte.
        Elle pousse la porte de l'armoire qui se referme.

        DON CARLOS, *de l'intérieur de l'armoire.*
Si vous dites un mot, duègne, vous êtes morte!

            DOÑA JOSEFA *seule.*
Qu'est cet homme? Jésus mon Dieu! si j'appelais?
Qui?   Hors madame et moi, tout dort dans le palais.   30
Bah! l'autre va venir.   La chose le regarde.
Il a sa bonne épée, et que le ciel nous garde
De l'enfer!
        Pesant la bourse.
            Après tout, ce n'est pas un voleur.
Entre doña Sol, en blanc.   Doña Josefa cache la bourse.

SCÈNE II

DOÑA JOSEFA, DON CARLOS *caché ;* DOÑA SOL, *puis* HERNANI.

DOÑA SOL.

Josefa !

DOÑA JOSEFA.

    Madame ?

DOÑA SOL.

          Ah ! je crains quelque malheur.
Hernani devrait être ici.

      Bruit de pas à la petite porte.

            Voici qu'il monte.   35
Ouvre avant qu'il ne frappe, et fais vite, et sois prompte.

*Josefa ouvre la petite porte. Entre Hernani. Grand man-
teau, grand chapeau. Dessous, un costume de montagnard
d'Aragon, gris, avec une cuirasse de cuir, une épée, un
poignard, et un cor à la ceinture.*

DOÑA SOL, *courant à lui.*

Hernani !

HERNANI.

      Doña Sol ! Ah ! c'est vous que je vois
Enfin ! et cette voix qui parle est votre voix !
Pourquoi le sort mit-il mes jours si loin des vôtres ?
J'ai tant besoin de vous pour oublier les autres !   40

DOÑA SOL, *touchant ses vêtements.*

Jésus ! votre manteau ruisselle ! il pleut donc bien ?

HERNANI.

Je ne sais.

DOÑA SOL.

Vous devez avoir froid !

HERNANI.

Ce n'est rien.

DOÑA SOL.

Otez donc ce manteau.

HERNANI.

Doña Sol, mon amie,
Dites-moi, quand la nuit vous êtes endormie,
Calme, innocente et pure, et qu'un sommeil joyeux   45
Entr'ouvre votre bouche et du doigt clôt vos yeux,
Un ange vous dit-il combien vous êtes douce
Au malheureux que tout abandonne et repousse ?

DOÑA SOL.

Vous avez bien tardé, seigneur ! Mais dites-moi
Si vous avez froid.

HERNANI.

Moi ! je brûle près de toi !   50
Ah ! quand l'amour jaloux bouillonne dans nos têtes,
Quand notre cœur se gonfle et s'emplit de tempêtes,
Qu'importe ce que peut un nuage des airs
Nous jeter en passant de tempête et d'éclairs !

DOÑA SOL, *lui défaisant son manteau.*

Allons ! donnez la cape, — et l'épée avec elle.   55

HERNANI, *la main sur son épée.*

Non.   C'est une autre amie, innocente et fidèle.
— Doña Sol, le vieux duc, votre futur époux,
Votre oncle, est donc absent?

DOÑA SOL.

Oui, cette heure est à nous.

HERNANI.

Cette heure ! et voilà tout.   Pour nous, plus rien qu'une
      heure !
Après, qu'importe? il faut qu'on oublie ou qu'on meure. 60
Ange ! une heure avec vous ! une heure, en vérité,
A qui voudrait la vie, et puis l'éternité !

DOÑA SOL.

Hernani !

HERNANI, *amèrement.*

Que je suis heureux que le duc sorte !
Comme un larron qui tremble et qui force une porte,
Vite, j'entre, et vous vois, et dérobe au vieillard   65
Une heure de vos chants et de votre regard ;
Et je suis bien heureux, et sans doute on m'envie
De lui voler une heure, et lui me prend ma vie !

DOÑA SOL.

Calmez-vous.

Remettant le manteau à la duègne.

Josefa, fais sécher le manteau.

Josefa sort.
Elle s'assied et fait signe à Hernani de venir près d'elle.
Venez là.

HERNANI, *sans l'entendre.*

Donc le duc est absent du château ? 70

DOÑA SOL, *souriant.*

Comme vous êtes grand !

HERNANI.

Il est absent.

DOÑA SOL.

Chère âme,

Ne pensons plus au duc.

HERNANI.

Ah ! pensons-y, madame !
Ce vieillard ! il vous aime, il va vous épouser !
Quoi donc ! vous prit-il pas l'autre jour un baiser ?
N'y plus penser !

DOÑA SOL, *riant.*

C'est là ce qui vous désespère ? 75
Un baiser d'oncle ! au front ! presque un baiser de père !

HERNANI.

Non, un baiser d'amant, de mari, de jaloux.
Ah ! vous serez à lui, madame ! Y pensez-vous ?
O l'insensé vieillard, qui, la tête inclinée,
Pour achever sa route et finir sa journée, 80
A besoin d'une femme, et va, spectre glacé,
Prendre une jeune fille ! ô vieillard insensé !
Pendant que d'une main il s'attache à la vôtre,
Ne voit-il pas la mort qui l'épouse de l'autre ?
Il vient dans nos amours se jeter sans frayeur ! 85

2

Vieillard ! va-t'en donner mesure au fossoyeur !
— Qui fait ce mariage ? on vous force, j'espère !

DOÑA SOL.

Le roi, dit-on, le veut.

HERNANI.

Le roi ! le roi ! mon père
Est mort sur l'échafaud, condamné par le sien.
Or, quoiqu'on ait vieilli depuis ce fait ancien,   90
Pour l'ombre du feu roi, pour son fils, pour sa veuve,
Pour tous les siens, ma haine est encor toute neuve !
Lui, mort, ne compte plus.   Et, tout enfant, je fis
Le serment de venger mon père sur son fils.
Je te cherchais partout, Carlos, roi des Castilles !   95
Car la haine est vivace entre nos deux familles.
Les pères ont lutté sans pitié, sans remords,
Trente ans !   Or, c'est en vain que les pères sont morts !
Leur haine vit.   Pour eux la paix n'est point venue,
Car les fils sont debout, et le duel continue.   100
Ah ! c'est donc toi qui veux cet exécrable hymen !
Tant mieux.   Je te cherchais, tu viens dans mon chemin !

DOÑA SOL.

Vous m'effrayez.

HERNANI.

Chargé d'un mandat d'anathème,
Il faut que j'en arrive à m'effrayer moi-même !
Écoutez.   L'homme auquel, jeune, on vous destina,   105
Ruy de Silva, votre oncle, est duc de Pastraña,
Riche-homme d'Aragon, comte et grand de Castille.
A défaut de jeunesse, il peut, ô jeune fille,

Vous apporter tant d'or, de bijoux, de joyaux,
Que votre front reluise entre des fronts royaux,   110
Et pour le rang, l'orgueil, la gloire et la richesse,
Mainte reine peut-être envîra sa duchesse.
Voilà donc ce qu'il est.   Moi, je suis pauvre, et n'eus,
Tout enfant, que les bois où je fuyais pieds nus.
Peut-être aurais-je aussi quelque blason illustre   115
Qu'une rouille de sang à cette heure délustre ;
Peut-être ai-je des droits, dans l'ombre ensevelis,
Qu'un drap d'échafaud noir cache encor sous ses plis,
Et qui, si mon attente un jour n'est pas trompée,
Pourront de ce fourreau sortir avec l'épée.   120
En attendant, je n'ai reçu du ciel jaloux
Que l'air, le jour et l'eau, la dot qu'il donne à tous.
Ou du duc ou de moi, souffrez qu'on vous délivre.
Il faut choisir des deux, l'épouser, ou me suivre.

DOÑA SOL.

Je vous suivrai.

HERNANI.

Parmi mes rudes compagnons?   125
Proscrits dont le bourreau sait d'avance les noms,
Gens dont jamais le fer ni le cœur ne s'émousse,
Ayant tous quelque sang à venger qui les pousse?
Vous viendrez commander ma bande, comme on dit?
Car, vous ne savez pas, moi, je suis un bandit !   130
Quand tout me poursuivait dans toutes les Espagnes,
Seule, dans ses forêts, dans ses hautes montagnes,
Dans ses rocs où l'on n'est que de l'aigle aperçu,
La vieille Catalogne en mère m'a reçu.
Parmi ses montagnards, libres, pauvres, et graves,   135

Je grandis, et demain trois mille de ses braves,
Si ma voix dans leurs monts fait résonner ce cor,
Viendront. . . . Vous frissonnez.   Réfléchissez encor.
Me suivre dans les bois, dans les monts, sur les grèves,
Chez des hommes pareils aux démons de vos rêves,   140
Soupçonner tout, les yeux, les voix, les pas, le bruit,
Dormir sur l'herbe, boire au torrent, et la nuit
Entendre, en allaitant quelque enfant qui s'éveille,
Les balles des mousquets siffler à votre oreille.
Être errante avec moi, proscrite, et, s'il le faut,   145
Me suivre où je suivrai mon père, — à l'échafaud.

DOÑA SOL.

Je vous suivrai.

HERNANI.

          Le duc est riche, grand, prospère.
Le duc n'a pas de tache au vieux nom de son père.
Le duc peut tout.   Le duc vous offre avec sa main
Trésor, titres, bonheur . . .

DOÑA SOL.

                    Nous partirons demain.   150
Hernani, n'allez pas sur mon audace étrange
Me blâmer.   Êtes-vous mon démon ou mon ange?
Je ne sais, mais je suis votre esclave.   Écoutez.
Allez où vous voudrez, j'irai.   Restez, partez,
Je suis à vous.   Pourquoi fais-je ainsi? je l'ignore.   155
J'ai besoin de vous voir et de vous voir encore
Et de vous voir toujours.   Quand le bruit de vos pas
S'efface, alors je crois que mon cœur ne bat pas,

Vous me manquez, je suis absente de moi-même ;
Mais dès qu'enfin ce pas que j'attends et que j'aime   160
Vient frapper mon oreille, alors il me souvient
Que je vis, et je sens mon âme qui revient !

HERNANI, *la serrant dans ses bras.*

Ange !

DOÑA SOL.

A minuit.   Demain.   Amenez votre escorte,
Sous ma fenêtre.   Allez, je serai brave et forte.
Vous frapperez trois coups.

HERNANI.

Savez-vous qui je suis,   165

Maintenant ?

DOÑA SOL.

Monseigneur, qu'importe ? je vous suis.

HERNANI.

Non, puisque vous voulez me suivre, faible femme,
Il faut que vous sachiez quel nom, quel rang, quelle âme,
Quel destin est caché dans le pâtre Hernani.
Vous vouliez d'un brigand, voulez-vous d'un banni ?   170

DON CARLOS, *ouvrant avec fracas la porte de l'armoire.*

Quand aurez-vous fini de conter votre histoire ?
Croyez-vous donc qu'on soit à l'aise en cette armoire ?

*Hernani recule étonné. Doña Sol pousse un cri et se réfugie
dans ses bras, en fixant sur don Carlos des yeux effarés.*

HERNANI, *la main sur la garde de son épée.*

Quel est cet homme ?

DOÑA SOL.

O ciel ! Au secours !

HERNANI.

Taisez-vous,
Doña Sol ! vous donnez l'éveil aux yeux jaloux.
Quand je suis près de vous, veuillez, quoi qu'il advienne, 175
Ne réclamer jamais d'autre aide que la mienne.

A don Carlos.

Que faisiez-vous là ?

DON CARLOS.

Moi ?   Mais, à ce qu'il paraît,
Je ne chevauchais pas à travers la forêt.

HERNANI.

Qui raille après l'affront s'expose à faire rire
Aussi son héritier.

DON CARLOS.

Chacun son tour ! — Messire,   180
Parlons franc.   Vous aimez madame et ses yeux noirs,
Vous y venez mirer les vôtres tous les soirs,
C'est fort bien.   J'aime aussi madame, et veux connaître
Qui j'ai vu tant de fois entrer par la fenêtre,
Tandis que je restais à la porte.

HERNANI.

En honneur,   185
Je vous ferai sortir par où j'entre, seigneur.

DON CARLOS.

Nous verrons.   J'offre donc mon amour à madame.
Partageons.   Voulez-vous ?   J'ai vu dans sa belle âme
Tant d'amour, de bonté, de tendres sentiments,
Que madame à coup sûr en a pour deux amants.   190
Or, ce soir, voulant mettre à fin mon entreprise,
Pris, je pense, pour vous, j'entre ici par surprise,
Je me cache, j'écoute, à ne vous celer rien ;
Mais j'entendais très mal et j'étouffais très bien.
Et puis, je chiffonnais ma veste à la française.   195
Ma foi, je sors !

HERNANI.

          Ma dague aussi n'est pas à l'aise
Et veut sortir.

DON CARLOS, *le saluant.*

        Monsieur, c'est comme il vous plaira.

HERNANI, *tirant son épée.*

En garde !

        Don Carlos tire son épée.

DOÑA SOL, *se jetant entre eux.*

      Hernani !   Ciel !

DON CARLOS.

            Calmez-vous, señora.

HERNANI, *à don Carlos.*

Dites-moi votre nom.

DON CARLOS.

        Hé ! dites-moi le vôtre !

HERNANI.

Je le garde, secret et fatal, pour un autre　　　　　200
Qui doit un jour sentir, sous mon genou vainqueur,
Mon nom à son oreille, et ma dague à son cœur !

DON CARLOS.

Alors, quel est le nom de l'autre ?

HERNANI.

Que t'importe ?

En garde ! défends-toi !

*Ils croisent leurs épées.   Doña Sol tombe tremblante sur un
fauteuil.   On entend des coups à la porte.*

DOÑA SOL, *se levant avec effroi.*

Ciel ! on frappe à la porte !

*Les champions s'arrêtent.   Entre Josefa par la petite porte
et tout effarée.*

HERNANI, *à Josefa.*

Qui frappe ainsi ?

DOÑA JOSEFA, *à doña Sol.*

Madame ! un coup inattendu !　　　205
C'est le duc qui revient !

DOÑA SOL, *joignant les mains.*

Le duc ! tout est perdu !

Malheureuse !

DOÑA JOSEFA, *jetant les yeux autour d'elle.*

Jésus ! l'inconnu ! des épées !
On se battait.   Voilà de belles équipées !

Les deux combattants remettent leurs épées dans le fourreau.
  Don Carlos s'enveloppe dans son manteau et rebat son cha-
  peau sur ses yeux.   On frappe.

HERNANI.

Que faire?

On frappe.

UNE VOIX *au dehors.*

Doña Sol, ouvrez-moi!

Doña Josefa fait un pas vers la porte.   Hernani l'arrête.

HERNANI.

N'ouvrez pas.

DOÑA JOSEFA, *tirant son chapelet.* — rosary

Saint Jacques monseigneur! tirez-nous de ce pas!   210

On frappe de nouveau.

HERNANI, *montrant l'armoire à don Carlos.*

Cachons-nous.

DON CARLOS.

Dans l'armoire?

HERNANI, *montrant la porte.*

Entrez-y.   Je m'en charge.

Nous y tiendrons tous deux. — We shall both have room
                                            enough there

DON CARLOS.

Grand merci, c'est trop large.

HERNANI, *montrant la petite porte.*

Fuyons par là.

144432

DON CARLOS.

Bonsoir.   Pour moi, je reste **ici.**

HERNANI.

Ah ! tête et sang ! monsieur, vous me paîrez ceci !
     A doña Sol.
Si je barricadais l'entrée ? — *supposing I were to barricade the door*

DON CARLOS, *à Josefa.*
     Ouvrez la porte.   215

HERNANI.

Que dit-il ?

DON CARLOS, *à Josefa interdite,*
Ouvrez donc, vous dis-je !

On frappe toujours.
Doña Josefa va ouvrir en tremblant.

DOÑA SOL.

Je suis morte !

SCÈNE III

LES MÊMES, DON RUY GOMEZ DE SILVA, *barbe et cheveux blancs ; en noir.* VALETS *avec des flambeaux.*

DON RUY GOMEZ.

Des hommes chez ma nièce à cette heure de nuit !
Venez tous ! cela vaut la lumière et le bruit.

A doña Sol.

Par saint Jean d'Avila, je crois que, sur mon âme,
Nous sommes trois chez vous! C'est trop de deux, madame! 220

Aux deux jeunes gens.

Mes jeunes cavaliers, que faites-vous céans? —
Quand nous avions le Cid et Bernard, ces géants
De l'Espagne et du monde allaient par les Castilles
Honorant les vieillards et protégeant les filles.
C'étaient des hommes forts et qui trouvaient moins lourds 225
Leur fer et leur acier que vous votre velours.
Ces hommes-là portaient respect aux barbes grises,
Faisaient agenouiller leur amour aux églises,
Ne trahissaient personne, et donnaient pour raison
Qu'ils avaient à garder l'honneur de leur maison.
S'ils voulaient une femme, ils la prenaient sans tache, 230
En plein jour, devant tous, et l'épée, ou la hache,
Ou la lance à la main. — Et quant à ces félons
Qui, le soir, et les yeux tournés vers leurs talons,
Ne fiant qu'à la nuit leurs manœuvres infâmes,   235
Par derrière aux maris volent l'honneur des femmes,
J'affirme que le Cid, cet aïeul de nous tous,
Les eût tenus pour vils et fait mettre à genoux,
Et qu'il eût, dégradant leur noblesse usurpée,
Souffleté leur blason du plat de son épée!   240
Voilà ce que feraient, j'y songe avec ennui,
Les hommes d'autrefois aux hommes d'aujourd'hui.
— Qu'êtes-vous venus faire ici? C'est donc à dire
Que je ne suis qu'un vieux dont les jeunes vont rire?
On va rire de moi, soldat de Zamora?   245
Et quand je passerai, tête blanche, on rira?
Ce n'est pas vous, du moins, qui rirez!

HERNANI.

Duc . . .

DON RUY GOMEZ.

Silence !

Quoi ! vous avez l'épée, et la dague, et la lance,
La chasse, les festins, les meutes, les faucons,
Les chansons à chanter le soir sous les balcons,   250
Les plumes au chapeau, les casaques de soie,
Les bals, les carrousels, la jeunesse, la joie,
Enfants, l'ennui vous gagne !   A tout prix, au hasard,
Il vous faut un hochet.   Vous prenez un vieillard.
Ah ! vous l'avez brisé, le hochet ! mais Dieu fasse   255
Qu'il vous puisse en éclats rejaillir à la face !
Suivez-moi !

HERNANI.

Seigneur duc . . .

DON RUY GOMEZ.

Suivez-moi ! suivez-moi !

Messieurs ! avons-nous fait cela pour rire ?   Quoi ?
Un trésor est chez moi.   C'est l'honneur d'une fille,
D'une femme, l'honneur de toute une famille,   260
Cette fille, je l'aime, elle est ma nièce, et doit
Bientôt changer sa bague à l'anneau de mon doigt,
Je la crois chaste et pure, et sacrée à tout homme,
Or il faut que je sorte une heure, et moi qu'on nomme
Ruy Gomez de Silva, je ne puis l'essayer   265
Sans qu'un larron d'honneur se glisse à mon foyer !
Arrière ! lavez donc vos mains, hommes sans âmes,
Car, rien qu'en y touchant, vous nous tachez nos femmes.
Non.   C'est bien.   Poursuivez.   Ai-je autre chose encor ?

Il arrache son collier.

Tenez, foulez aux pieds, foulez ma toison-d'or !   270

Il jette son chapeau.

Arrachez mes cheveux, faites-en chose vile !
Et vous pourrez demain vous vanter par la ville
Que jamais débauchés, dans leurs jeux insolents,
N'ont sur plus noble front souillé cheveux plus blancs.

DOÑA SOL.

Monseigneur . . .

DON RUY GOMEZ, *à ses valets.*

Écuyers ! écuyers ! à mon aide !   275
Ma hache, mon poignard, ma dague de Tolède !

Aux deux jeunes gens.

Et suivez-moi tous deux !

DON CARLOS, *faisant un pas.*

Duc, ce n'est pas d'abord
De cela qu'il s'agit.   Il s'agit de la mort
De Maximilien, empereur d'Allemagne.

*Il jette son manteau, et découvre son visage caché par son
chapeau.*

DON RUY GOMEZ.

Raillez-vous ? . . . — Dieu ! le Roi !

DOÑA SOL.

Le Roi !

HERNANI, *dont les yeux s'allument.*

Le Roi d'Espagne ! 280

DON CARLOS, *gravement.*

Oui, Carlos. — Seigneur duc, es-tu donc insensé ?
Mon aïeul l'empereur est mort.   Je ne le sai
Que de ce soir.   Je viens, tout en hâte, et moi-même,
Dire la chose, à toi, féal sujet que j'aime,
Te demander conseil, incognito, la nuit,   285
Et l'affaire est bien simple, et voilà bien du bruit !

Don Ruy Gomez renvoie ses gens d'un signe.   Il s'approche
de don Carlos que doña Sol examine avec crainte et sur-
prise, et sur lequel Hernani, demeuré dans un coin, fixe des
yeux étincelants.

DON RUY GOMEZ.

Mais pourquoi tarder tant à m'ouvrir cette porte ?

DON CARLOS.

Belle raison ! tu viens avec toute une escorte !
Quand un secret d'état m'amène en ton palais,
Duc, est-ce pour l'aller dire à tous tes valets ?   290

DON RUY GOMEZ.

Altesse, pardonnez ! l'apparence . . .

DON CARLOS.

Bon père,
Je t'ai fait gouverneur du château de Figuère,
Mais qui dois-je à présent faire ton gouverneur ?

DON RUY GOMEZ.

Pardonnez . . .

DON CARLOS.

Il suffit.   N'en parlons plus, seigneur.
Donc l'empereur est mort.

DON RUY GOMEZ.

      L'aïeul de votre altesse 295
Est mort?

DON CARLOS.

Duc, tu m'en vois pénétré de tristesse.

DON RUY GOMEZ.

Qui lui succède?

DON CARLOS.

     Un duc de Saxe est sur les rangs.
François premier, de France, est un des concurrents.

DON RUY GOMEZ.

Où vont se rassembler les électeurs d'empire?

DON CARLOS.

Ils ont choisi, je crois, Aix-la-Chapelle, ou Spire, 300
Ou Francfort.

DON RUY GOMEZ.

   Notre Roi, dont Dieu garde les jours,
N'a-t-il pensé jamais à l'empire?

DON CARLOS.

      Toujours.

DON RUY GOMEZ.

C'est à vous qu'il revient.

DON CARLOS.

    Je le sais.

DON RUY GOMEZ.

Votre père
Fut archiduc d'Autriche, et l'empire, j'espère,
Aura ceci présent, que c'était votre aïeul,   305
Celui qui vient de choir de la pourpre au linceul.

DON CARLOS.

Et puis, on est bourgeois de Gand.

DON RUY GOMEZ.

Dans mon jeune âge
Je le vis, votre aïeul. Hélas ! seul je surnage
D'un siècle tout entier. Tout est mort à présent.
C'était un empereur magnifique et puissant.   310

DON CARLOS.

Rome est pour moi.

DON RUY GOMEZ.

Vaillant, ferme, point tyrannique,
Cette tête allait bien au vieux corps germanique !

Il s'incline sur les mains du roi, et les baise.

Que je vous plains ! Si jeune, en un tel deuil plongé !

DON CARLOS.

Le pape veut ravoir la Sicile, que j'ai,
Un empereur ne peut posséder la Sicile,   315
Il me fait empereur, alors, en fils docile,
Je lui rends Naple. Ayons l'aigle, et puis nous verrons
Si je lui laisserai rogner les ailerons !

DON RUY GOMEZ.

Qu'avec joie il verrait, ce vétéran du trône,
Votre front déjà large aller à sa couronne !   320

Ah ! seigneur, avec vous nous le pleurerons bien,
Cet empereur très grand, très bon et très chrétien !

DON CARLOS.

Le saint-père est adroit. — Qu'est-ce que la Sicile ?
C'est une île qui pend à mon royaume, une île,
Une pièce, un haillon, qui, tout déchiqueté,   325
Tient à peine à l'Espagne et qui traîne à côté.
— Que ferez-vous, mon fils, de cette île bossue
Au monde impérial au bout d'un fil cousue ?
Votre empire est mal fait ; vite, venez ici,
Des ciseaux ! et coupons ! — Très saint-père, merci !   330
Car de ces pièces-là, si j'ai bonne fortune,
Je compte au saint-empire en recoudre plus d'une,
Et, si quelques lambeaux m'en étaient arrachés,
Rapiécer mes états d'îles et de duchés !

DON RUY GOMEZ.

Consolez-vous ! il est un empire des justes   335
Où l'on revoit les morts plus saints et plus augustes !

DON CARLOS.

Ce roi François premier, c'est un ambitieux !
Le vieil empereur mort, vite il fait les doux yeux
A l'empire !   A-t-il pas sa France très chrétienne ?
Ah ! la part est pourtant belle, et vaut qu'on s'y tienne ! 340
L'empereur mon aïeul disait au roi Louis :
— Si j'étais Dieu le Père, et si j'avais deux fils,
Je ferais l'aîné Dieu, le second roi de France. —

   Au duc.

Crois-tu que François puisse avoir quelque espérance ?

3

DON RUY GOMEZ.

C'est un victorieux.

DON CARLOS.

        Il faudrait tout changer.   345
La bulle d'or défend d'élire un étranger.

DON RUY GOMEZ.

A ce compte, seigneur, vous êtes roi d'Espagne !

DON CARLOS.

Je suis bourgeois de Gand.

DON RUY GOMEZ.

           La dernière campagne
A fait monter bien haut le roi François premier.

DON CARLOS.

L'aigle qui va peut-être éclore à mon cimier   350
Peut aussi déployer ses ailes.

DON RUY GOMEZ.

              Votre altesse
Sait-elle le latin ?

DON CARLOS.

      Mal.

DON RUY GOMEZ.

          Tant pis. La noblesse
D'Allemagne aime fort qu'on lui parle latin.

DON CARLOS.

Ils se contenteront d'un espagnol hautain ;
Car il importe peu, croyez-en le roi Charle,   355

Quand la voix parle haut, quelle langue elle parle.
—Je vais en Flandre.   Il faut que ton roi, cher Silva,
Te revienne empereur. Le roi de France va
Tout remuer.   Je veux le gagner de vitesse.
Je partirai sous peu.

DON RUY GOMEZ.

                    Vous nous quittez, altesse,   360
Sans purger l'Aragon de ces nouveaux bandits
Qui partout dans nos monts lèvent leurs fronts hardis?

DON CARLOS.

J'ordonne au duc d'Arcos d'exterminer la bande.

DON RUY GOMEZ.

Donnez-vous aussi l'ordre au chef qui la commande
De se laisser faire?

DON CARLOS.

                    Eh ! quel est ce chef? son nom?   365

DON RUY GOMEZ.

Je l'ignore.   On le dit un rude compagnon.

DON CARLOS.

Bah ! je sais que pour l'heure il se cache en Galice,
Et j'en aurai raison avec quelque milice.

DON RUY GOMEZ.

De faux avis alors le disaient près d'ici.

DON CARLOS.

Faux avis ! — Cette nuit tu me loges.

DON RUY GOMEZ, *s'inclinant jusqu'à terre.*

                         Merci,   370

Altesse !

     Il appelle ses valets.

    Faites tous honneur au Roi mon hôte.

Les valets rentrent avec des flambeaux. Le duc les range sur
*   deux haies jusqu'à la porte du fond. Cependant doña Sol*
*   s'approche lentement d'Hernani. Le Roi les épie tous deux.*

        DOÑA SOL, *bas à Hernani.*

Demain, sous ma fenêtre, à minuit, et sans faute.
Vous frapperez des mains trois fois.

          HERNANI, *bas.*

         Demain.

       DON CARLOS, *à part.*

              Demain !

Haut à doña Sol vers laquelle il fait un pas avec galanterie.
Souffrez que pour rentrer je vous offre la main.

    Il la reconduit à la porte. Elle sort.

   HERNANI, *la main dans sa poitrine sur la poignée de sa*
                dague.

Mon bon poignard !

       DON CARLOS, *revenant, à part.*

      Notre homme a la mine attrapée.   375
       Il prend à part Hernani.

Je vous ai fait l'honneur de toucher votre épée,
Monsieur. Vous me seriez suspect pour cent raisons.

Mais le roi don Carlos répugne aux trahisons.
Allez.　Je daigne encor protéger votre fuite.

　　DON RUY GOMEZ, *revenant et montrant Hernani.*
Qu'est ce seigneur?

　　　　　　　DON CARLOS.
　　　　　Il part.　C'est quelqu'un de ma suite. 380
Ils sortent avec les valets et les flambeaux, le duc précédant le
roi, une cire à la main.

SCÈNE IV

HERNANI, *seul.*

Oui, de ta suite, ô roi ! de ta suite ! — J'en suis !
Nuit et jour, en effet, pas à pas, je te suis.
Un poignard à la main, l'œil fixé sur ta trace
Je vais.　Ma race en moi poursuit en toi ta race.
Et puis, te voilà donc mon rival !　Un instant　　　　385
Entre aimer et haïr je suis resté flottant, *undecided*
Mon cœur pour elle et toi n'était point assez large,
J'oubliais en l'aimant ta haine qui me charge ;
Mais puisque tu le veux, puisque c'est toi qui viens
Me faire souvenir, c'est bon, je me souviens !　　　　390
Mon amour fait pencher la balance incertaine
Et tombe tout entier du côté de ma haine.
Oui, je suis de ta suite, et c'est toi qui l'as dit !
Va ! jamais courtisan de ton lever maudit,
Jamais seigneur baisant ton ombre, ou majordome　 *major - domo*　395
Ayant à te servir abjuré son cœur d'homme,

Jamais chiens de palais dressés à suivre un roi
Ne seront sur tes pas plus assidus que moi !
Ce qu'ils veulent de toi, tous ces grands de Castille,
C'est quelque titre creux, quelque hochet qui brille,   400
C'est quelque mouton d'or qu'on se va pendre au cou ;
Moi, pour vouloir si peu je ne suis pas si fou !
Ce que je veux de toi, ce n'est point faveurs vaines,
C'est l'âme de ton corps, c'est le sang de tes veines,
C'est tout ce qu'un poignard, furieux et vainqueur,   405
En y fouillant longtemps peut prendre au fond d'un cœur.
Va devant ! je te suis.   Ma vengeance qui veille
Avec moi toujours marche et me parle à l'oreille.
Va ! je suis là, j'épie et j'écoute, et sans bruit
Mon pas cherche ton pas et le presse et le suit.   410
Le jour tu ne pourras, ô roi, tourner la tête
Sans me voir immobile et sombre dans ta fête ;
La nuit tu ne pourras tourner les yeux, ô roi,
Sans voir mes yeux ardents luire derrière toi !

Il sort par la petite porte.

ACTE DEUXIÈME

LE BANDIT

SARAGOSSE

Un patio du palais de Silva. A gauche, les grands murs du palais, avec une fenêtre à balcon. Au-dessous de la fenêtre une petite porte. A droite et au fond, des maisons et des rues. — Il est nuit. On voit briller çà et là, aux façades des édifices, quelques fenêtres encore éclairées.

SCÈNE PREMIÈRE

DON CARLOS, DON SANCHO SANCHEZ DE ZUNIGA, COMTE DE MONTEREY, DON MATIAS CENTURION, MARQUIS D'ALMUÑAN, DON RICARDO DE ROXAS, SEIGNEUR DE CASAPALMA.

Ils arrivent tous quatre, don Carlos en tête, chapeaux rabattus, enveloppés de longs manteaux dont leurs épées soulèvent le bord inférieur.

DON CARLOS, *examinant le balcon.*

Voilà bien le balcon, la porte . . . Mon sang bout.   415

Montrant la fenêtre qui n'est pas éclairée.

Pas de lumière encor !

Il promène ses yeux sur les autres croisées éclairées.

Des lumières partout

Où je n'en voudrais pas, hors à cette fenêtre
Où j'en voudrais !

DON SANCHO.

Seigneur, reparlons de ce traître.
Et vous l'avez laissé partir !

DON CARLOS.

Comme tu dis.

DON MATIAS.

Et peut-être c'était le major des bandits !

DON CARLOS.

Qu'il en soit le major ou bien le capitaine,
Jamais roi couronné n'eut mine plus hautaine.

DON SANCHO.

Son nom, seigneur ?

DON CARLOS, *les yeux fixés sur la fenêtre.*

Muñoz . . . Fernan. . . .

Avec le geste d'un homme qui se rappelle tout à coup.

Un nom en i.

DON SANCHO.

Hernani, peut-être ?

DON CARLOS.

Oui.

DON SANCHO.

C'est lui !

DON MATIAS.

C'est Hernani ?

Le chef !

DON SANCHO, *au roi.*

De ses propos vous reste-t-il mémoire ?

DON CARLOS, *qui ne quitte pas la fenêtre des yeux.*

Hé ! je n'entendais rien dans leur maudite armoire !

DON SANCHO.

Mais pourquoi le lâcher lorsque vous le tenez ?

Don Carlos se tourne gravement et le regarde en face.

DON CARLOS.

Comte de Monterey, vous me questionnez.

Les deux seigneurs reculent et se taisent.

Et d'ailleurs ce n'est pas le souci qui m'arrête.
J'en veux à sa maîtresse et non point à sa tête.   430
J'en suis amoureux fou !   Les yeux noirs les plus beaux.
Mes amis ! deux miroirs ! deux rayons ! deux flambeaux !
Je n'ai rien entendu de toute leur histoire
Que ces trois mots : — Demain, venez à la nuit noire !
Mais c'est l'essentiel.   Est-ce pas excellent ?   435
Pendant que ce bandit, à mine de galant,
S'attarde à quelque meurtre, à creuser quelque tombe,
Je viens tout doucement dénicher sa colombe.

DON RICARDO.

Altesse, il eût fallu, pour compléter le tour,
Dénicher la colombe en tuant le vautour.   440

DON CARLOS, *à don Ricardo.*

Comte ! un digne conseil ! vous avez la main prompte !

DON RICARDO, *s'inclinant profondément.*

Sous quel titre plaît-il au roi que je sois comte ?

DON SANCHO, *vivement.*

C'est méprise !

DON RICARDO, *à don Sancho.*

Le roi m'a nommé comte.

DON CARLOS.

Assez !

Bien.

A Ricardo.

J' ai laissé tomber ce titre.   Ramassez.

DON RICARDO, *s'inclinant de nouveau.*

Merci, seigneur !

DON SANCHO, *à don Matias.*

Beau comte ! un comte de surprise.   445

Le roi se promène au fond, examinant avec impatience les fe-
nêtres éclairées.   Les deux seigneurs causent sur le devant.

DON MATIAS, *à don Sancho.*

Mais que fera le roi, la belle une fois prise ?

DON SANCHO, *regardant Ricardo de travers.*

Il la fera comtesse, et puis dame d'honneur.
Puis, qu'il en ait un fils, il sera roi.

DON MATIAS.

Seigneur,

Allons donc ! un bâtard !   Comte, fût-on altesse,
On ne saurait tirer un roi d'une comtesse !   450

DON SANCHO.

Il la fera marquise, àlors, mon cher marquis.

DON MATIAS.

On garde les bâtards pour les pays conquis.
On les fait vice-rois.   C'est à cela qu'ils servent.

Don Carlos revient.

DON CARLOS, *regardant avec colère toutes les fenêtres éclairées.*

Dirait-on pas des yeux jaloux qui nous observent?
Enfin ! en voilà deux qui s'éteignent ! allons !   455
Messieurs, que les instants de l'attente sont longs !
Qui fera marcher l'heure avec plus de vitesse?

DON SANCHO.

C'est ce que nous disons souvent chez votre altesse.

DON CARLOS.

Cependant que chez vous mon peuple le redit.

La dernière fenêtre éclairée s'éteint.

— La dernière est éteinte !

Tourné vers le balcon de doña Sol toujours noir.
                        O vitrage maudit !   460

Quand t'éclaireras-tu? — Cette nuit est bien sombre.
Doña Sol, viens briller comme un astre dans l'ombre !

A don Ricardo.

Est-il minuit?

DON RICARDO.

Minuit bientôt.

DON CARLOS.

Il faut finir
Pourtant !   A tout moment l'autre peut survenir.

La fenêtre de doña Sol s'éclaire.   On voit son ombre se dessi-
ner sur les vitraux lumineux.

Mes amis ! un flambeau ! son ombre à la fenêtre !   465
Jamais jour ne me fut plus charmant à voir naître.
Hâtons-nous ! faisons-lui le signal qu'elle attend.
Il faut frapper des mains trois fois.   Dans un instant,
Mes amis, vous allez la voir ! — Mais notre nombre
Va l'effrayer peut-être. . . . Allez tous trois dans l'ombre   470
Là-bas, épier l'autre.   Amis, partageons-nous
Les deux amants.   Tenez, à moi la dame, à vous
Le brigand.

                    DON RICARDO.

        Grand merci !

                    DON CARLOS.

                    S'il vient, de l'embuscade
Sortez vite, et poussez au drôle une estocade.
Pendant qu'il reprendra ses esprits sur le grès,   475
J'emporterai la belle, et nous rirons après.
N'allez pas cependant le tuer ! c'est un brave
Après tout, et la mort d'un homme est chose grave.

Les deux seigneurs s'inclinent et sortent.   Don Carlos les
laisse s'éloigner, puis frappe des mains à deux reprises.   A
la deuxième fois, la fenêtre s'ouvre, et doña Sol paraît sur
le balcon.

                    SCÈNE II

                DON CARLOS, DOÑA SOL.

                DOÑA SOL, *au balcon.*

Est-ce vous, Hernani ?

DON CARLOS, *à part.*

Diable ! ne parlons pas !

Il frappe de nouveau des mains.

DOÑA SOL.

Je descends.

Elle referme la fenêtre, dont la lumière disparaît.   Un moment après, la petite porte s'ouvre et doña Sol en sort, une lampe à la main, sa mante sur les épaules.

DOÑA SOL.

Hernani !

*Don Carlos rabat son chapeau sur son visage, et s'avance pré-
cipitamment vers elle.*

DOÑA SOL, *laissant tomber sa lampe.*

Dieu ! ce n'est point son pas !   480

Elle veut rentrer.   Don Carlos court à elle et la retient par le bras.

DON CARLOS.

Doña Sol !

DOÑA SOL.

Ce n'est point sa voix !   Ah ! malheureuse !

DON CARLOS.

Eh ! quelle voix veux-tu qui soit plus amoureuse ?
C'est toujours un amant, et c'est un amant roi !

DOÑA SOL.

Le roi !

DON CARLOS.

Souhaite, ordonne, un royaume est à toi !
Car celui dont tu veux briser la douce entrave,   485
C'est le roi ton seigneur, c'est Carlos ton esclave !

DOÑA SOL, *cherchant à se dégager de ses bras.*

Au secours, Hernani !

DON CARLOS.

Le juste et digne effroi !
Ce n'est pas ton bandit qui te tient, c'est le roi !

DOÑA SOL.

Non. Le bandit, c'est vous ! N'avez-vous pas de honte ?
Ah ! pour vous à la face une rougeur me monte.   490
Sont-ce là les exploits dont le roi fera bruit ?
Venir ravir de force une femme la nuit !
Que mon bandit vaut mieux cent fois ! Roi, je proclame
Que, si l'homme naissait où le place son âme,
Si Dieu faisait le rang à la hauteur du cœur,   495
Certe, il serait le roi, prince, et vous le voleur !

DON CARLOS, *essayant de l'attirer.*

Madame . . .

DOÑA SOL.

Oubliez-vous que mon père était comte ?

DON CARLOS.

Je vous ferai duchesse.

DOÑA SOL, *le repoussant.*

Allez ! c'est une honte !

Elle recule de quelques pas.

Il ne peut être rien entre nous, don Carlos.
Mon vieux père a pour vous versé son sang à flots.   500
Moi, je suis fille noble, et de ce sang jalouse.
Trop pour la concubine, et trop peu pour l'épouse !

DON CARLOS.

Princesse ?

DOÑA SOL.

    Roi Carlos, à des filles de rien
Portez votre amourette, ou je pourrais fort bien,
Si vous m'osez traiter d'une façon infâme,   505
Vous montrer que je suis dame, et que je suis femme !

DON CARLOS.

Eh bien ! partagez donc et mon trône et mon nom.
Venez, vous serez reine, impératrice ! . . .

DOÑA SOL.

              Non.
C'est un leurre.   Et d'ailleurs, altesse, avec franchise,
S'agît-il pas de vous, s'il faut que je le dise,   510
J'aime mieux avec lui, mon Hernani, mon roi,
Vivre errante, en dehors du monde et de la loi,
Ayant faim, ayant soif, fuyant toute l'année,
Partageant jour à jour sa pauvre destinée,
Abandon, guerre, exil, deuil, misère et terreur,   515
Que d'être impératrice avec un empereur !

DON CARLOS.

Que cet homme est heureux !

DOÑA SOL.

    Quoi ! pauvre, proscrit même ! . . .

DON CARLOS.

Qu'il fait bien d'être pauvre et proscrit, puisqu'on l'aime !
Moi, je suis seul !   Un ange accompagne ses pas !
— Donc vous me haïssez ?

DOÑA SOL.

Je ne vous aime pas.   520

DON CARLOS, *la saisissant avec violence.*

Eh bien, que vous m'aimiez ou non, cela n'importe !
Vous viendrez, et ma main plus que la vôtre est forte.
Vous viendrez ! je vous veux !   Pardieu, nous verrons bien
Si je suis roi d'Espagne et des Indes pour rien !

DOÑA SOL, *se débattant.*

Seigneur ! oh ! par pitié ! — Quoi ! vous êtes altesse,   525
Vous êtes roi.   Duchesse, ou marquise, ou comtesse,
Vous n'avez qu'à choisir.   Les femmes de la cour
Ont toujours un amour tout prêt pour votre amour.
Mais mon proscrit, qu'a-t-il reçu du ciel avare ? *couvetous.*
Ah ! vous avez Castille, Aragon et Navarre,   530
Et Murcie, et Léon, dix royaumes encor,
Et les Flamands, et l'Inde avec les mines d'or !
Vous avez un empire auquel nul roi ne touche, *même*
Si vaste que jamais le soleil ne s'y couche !
Et, quand vous avez tout, voudrez-vous, vous le roi,   535
Me prendre, pauvre fille, à lui qui n'a que moi ?

    Elle se jette à ses genoux.   Il cherche à l'entraîner

DON CARLOS.

Viens !   Je n'écoute rien.   Viens !   Si tu m'accompagnes,
Je te donne, choisis, quatre de mes Espagnes.
Dis, lesquelles veux-tu ?   Choisis !

               Elle se débat dans ses bras.

DOÑA SOL.

Pour mon honneur,

Je ne veux rien de vous que ce poignard, seigneur !   540

*Elle lui arrache le poignard de sa ceinture. Il la lâche et
recule.*

Avancez maintenant ! faites un pas !

DON CARLOS.

La belle !

Je ne m'étonne plus si l'on aime un rebelle !

Il veut faire un pas.   Elle lève le poignard.

DOÑA SOL.

Pour un pas, je vous tue, et me tue.

Il recule encore.   Elle se détourne et crie avec force.

Hernani !

Hernani !

DON CARLOS.

Taisez-vous !

DOÑA SOL, *le poignard levé.*

Un pas ! tout est fini.

DON CARLOS.

Madame ! à cet excès ma douceur est réduite.   545

J'ai là pour vous forcer trois hommes de ma suite . . .

HERNANI, *surgissant tout à coup derrière lui.*

Vous en oubliez un !

*Le roi se retourne, et voit Hernani immobile derrière lui dans
l'ombre, les bras croisés sous le long manteau qui l'enveloppe, et le large bord de son chapeau relevé. Doña Sol
pousse un cri, court à Hernani et l'entoure de ses bras.*

4

SCÈNE III

Don Carlos, Doña Sol, Hernani.

HERNANI, *immobile, les bras toujours croisés, et ses yeux étin-*
celants fixés sur le roi.

Ah ! le ciel m'est témoin
Que volontiers je l'eusse été chercher plus loin !

DOÑA SOL.

Hernani, sauvez-moi de lui !

HERNANI.

Soyez tranquille,
Mon amour !

DON CARLOS.

Que font donc mes amis par la ville ?   550
Avoir laissé passer ce chef de bohémiens !

Appelant.

Monterey !

HERNANI.

Vos amis sont au pouvoir des miens,
Et ne réclamez pas leur épée impuissante.
Pour trois qui vous viendraient, il m'en viendrait soixante.
Soixante dont un seul vous vaut tous quatre.   Ainsi   555
Vidons entre nous deux notre querelle ici.
Quoi ! vous portiez la main sur cette jeune fille !
C'était d'un imprudent, seigneur roi de Castille,
Et d'un lâche !

DON CARLOS, *souriant avec dédain.*

Seigneur bandit, de vous à moi,
Pas de reproche !

HERNANI.

Il raille !   Oh ! je ne suis pas roi ;   560
Mais quand un roi m'insulte et par surcroît me raille,
Ma colère va haut et me monte à sa taille,
Et, prenez garde, on craint, quand on me fait affront,
Plus qu'un cimier de roi la rougeur de mon front !
Vous êtes insensé si quelque espoir vous leurre.   565

Il lui saisit le bras.

Savez-vous quelle main vous étreint à cette heure ?
Écoutez.   Votre père a fait mourir le mien,
Je vous hais.   Vous avez pris mon titre et mon bien,
Je vous hais.   Nous aimons tous deux la même femme,
Je vous hais, je vous hais, — oui, je te hais dans l'âme ! 570

DON CARLOS.

C'est bien.

HERNANI.

Ce soir pourtant ma haine était bien loin.
Je n'avais qu'un désir, qu'une ardeur, qu'un besoin,
Doña Sol ! — Plein d'amour, j'accourais. . . . Sur mon âme !
Je vous trouve essayant contre elle un rapt infâme !
Quoi ! vous que j'oubliais, sur ma route placé !   575
Seigneur, je vous le dis, vous êtes insensé !
Don Carlos, te voilà pris dans ton propre piége.
Ni fuite, ni secours ! je te tiens et t'assiége !
Seul, entouré partout d'ennemis acharnés,
Que vas-tu faire ?

DON CARLOS. *fièrement.*

Allons ! vous me questionnez !   580

HERNANI.

Va, va, je ne veux pas qu'un bras obscur te frappe.
Il ne sied pas qu'ainsi ma vengeance m'échappe.
Tu ne seras touché par un autre que moi.
Défends-toi donc.

Il tire son épée.

DON CARLOS.

Je suis votre seigneur le roi.
Frappez.   Mais pas de duel.

HERNANI.

Seigneur, qu'il te souvienne   585
Qu'hier encor ta dague a rencontré la mienne.

DON CARLOS.

Je le pouvais hier.   J'ignorais votre nom,
Vous ignoriez mon titre.   Aujourd'hui, compagnon,
Vous savez qui je suis et je sais qui vous êtes.

HERNANI.

Peut-être.

DON CARLOS.

Pas de duel.   Assassinez-moi.   Faites !   590

HERNANI.

Crois-tu donc que les rois à moi me sont sacrés ?
Çà, te défendras-tu ?

DON CARLOS.

Vous m'assassinerez !

Hernani recule.   Don Carlos fixe des yeux d'aigle sur lui.

Ah ! vous croyez, bandits, que vos brigades viles
Pourront impunément s'épandre dans les villes ?

Que teints de sang, chargés de meurtres, malheureux !   595
Vous pourrez après tout faire les généreux,
Et que nous daignerons, nous, victimes trompées,
Ennoblir vos poignards du choc de nos épées?
Non, le crime vous tient.   Partout vous le traînez.
Nous, des duels avec vous ! arrière ! assassinez.   600

*Hernani, sombre et pensif, tourmente quelques instants de la
    main la poignée de son épée, puis se retourne brusquement
    vers le roi, et brise la lame sur le pavé.*

HERNANI.

Va-t'en donc !

Le roi se retourne à demi vers lui et le regarde avec hauteur.

Nous aurons des rencontres meilleures.

Va-t'en.

DON CARLOS.

C'est bien, monsieur.   Je vais dans quelques heures
Rentrer, moi votre roi, dans le palais ducal.
Mon premier soin sera de mander le fiscal.
A-t-on fait mettre à prix votre tête?

HERNANI.

Oui.

DON CARLOS.

Mon maître,   605
Je vous tiens de ce jour sujet rebelle et traître,
Je vous en avertis, partout je vous poursuis.
Je vous fais mettre au ban du royaume.

HERNANI.

J'y suis

Déjà

DON CARLOS.

Bien.

HERNANI.

        Mais la France est auprès de l'Espagne.
C'est un port.

DON CARLOS.

        Je vais être empereur d'Allemagne.   **610**
Je vous fais mettre au ban de l'empire.

HERNANI.

                        A ton gré.
J'ai le reste du monde où je te braverai.
Il est plus d'un asile où ta puissance tombe.

DON CARLOS.

Et quand j'aurai le monde?

HERNANI.

                Alors j'aurai la tombe.

DON CARLOS.

Je saurai déjouer vos complots insolents.   **615**

HERNANI.

La vengeance est boiteuse, elle vient à pas lents,
Mais elle vient.

DON CARLOS, *riant à demi, avec dédain.*
            Toucher à la dame qu'adore
Ce bandit !

HERNANI, *dont les yeux se rallument.*
        Songes-tu que je te tiens encore?
Ne me rappelle pas, futur césar romain,

Que je t'ai là, chétif et petit dans ma main,   620
Et que si je serrais cette main trop loyale,
J'écraserais dans l'œuf ton aigle impériale !

DON CARLOS.

Faites.

HERNANI.

　　Va-t'en ! va-t'en !

Il ôte son manteau et le jette sur les épaules du roi.

　　　　　　Fuis, et prends ce manteau.
Car dans nos rangs pour toi je crains quelque couteau.

Le roi s'enveloppe du manteau.

Pars tranquille à présent.   Ma vengeance altérée   625
Pour tout autre que moi fait ta tête sacrée.

DON CARLOS.

Monsieur, vous qui venez de me parler ainsi,
Ne demandez un jour ni grâce ni merci !

SCÈNE IV

HERNANI, DOÑA SOL.

DOÑA SOL, *saisissant la main d'Hernani.*

Maintenant, fuyons vite.

HERNANI, *la repoussant avec une douceur grave.*

　　　　　　Il vous sied, mon amie,
D'être dans mon malheur toujours plus raffermie.   630

De n'y point renoncer, et de vouloir toujours
Jusqu'au fond, jusqu'au bout, accompagner mes jours.
C'est un noble dessein, digne d'un cœur fidèle !
Mais, tu le vois, mon Dieu, pour tant accepter d'elle,
Pour emporter joyeux dans mon antre avec moi   635
Ce trésor de beauté qui rend jaloux un roi,
Pour que ma doña Sol me suive et m'appartienne,
Pour lui prendre sa vie et la joindre à la mienne,
Pour l'entraîner sans honte encore et sans regrets,
Il n'est plus temps ; je vois l'échafaud de trop près.   640

                        DOÑA SOL.

Que dites-vous ?

                        HERNANI.

                    Ce roi que je bravais en face
Va me punir d'avoir osé lui faire grâce.
Il fuit ; déjà peut-être il est dans son palais.
Il appelle ses gens, ses gardes, ses valets,
Ses seigneurs, ses bourreaux . . .

                        DOÑA SOL.

                        Hernani ! Dieu ! je tremble ! 645
Eh bien, hâtons-nous donc alors !   fuyons ensemble !

                        HERNANI.

Ensemble ! non, non.   L'heure en est passée.   Hélas !
Doña Sol, à mes yeux quand tu te révélas,
Bonne, et daignant m'aimer d'un amour secourable,
J'ai bien pu vous offrir, moi, pauvre misérable,   650
Ma montagne, mon bois, mon torrent, — ta pitié
M'enhardissait, — mon pain de proscrit, la moitié
Du lit vert et touffu que la forêt me donne ;

Mais t'offrir la moitié de l'échafaud ! pardonne,
Doña Sol ! l'échafaud, c'est à moi seul !

DOÑA SOL.

                               Pourtant   655
Vous me l'aviez promis !

HERNANI, *tombant à ses genoux.*

                     Ange ! ah ! dans cet instant
Où la mort vient peut-être, où s'approche dans l'ombre,
Un sombre dénoûment pour un destin bien sombre,
Je le déclare ici, proscrit, traînant au flanc
Un souci profond, né dans un berceau sanglant,   660
Si noir que soit le deuil qui s'épand sur ma vie,
Je suis un homme heureux et je veux qu'on m'envie ;
Car vous m'avez aimé ! car vous me l'avez dit !
Car vous avez tout bas béni mon front maudit !

DOÑA SOL, *penchée sur sa tête.*

Hernani !

HERNANI.

         Loué soit le sort doux et propice   665
Qui me mit cette fleur au bord du précipice !

Il se relève.

Et ce n'est pas pour vous que je parle en ce lieu,
Je parle pour le ciel qui m'écoute, et pour Dieu.

DOÑA SOL.

Souffre que je te suive.

HERNANI.

               Ah ! ce serait un crime
Que d'arracher la fleur en tombant dans l'abîme.   670

Va, j'en ai respiré le parfum, c'est assez !
Renoue à d'autres jours tes jours par moi froissés.
Épouse ce vieillard.   C'est moi qui te délie.
Je rentre dans ma nuit.   Toi, sois heureuse, oublie !

DOÑA SOL.

Non, je te suis ! je veux ma part de ton linceul !   675
Je m'attache à tes pas.

HERNANI, *la serrant dans ses bras.*

Oh ! laisse-moi fuir seul.

Il la quitte avec un mouvement convulsif.

DOÑA SOL, *douloureusement et joignant les mains.*

Hernani ! tu me fuis !   Ainsi donc, insensée,
Avoir donné sa vie, et se voir repoussée,
Et n'avoir, après tant d'amour et tant d'ennui,
Pas même le bonheur de mourir près de lui !   680

HERNANI.

Je suis banni ! je suis proscrit ! je suis funeste !

DOÑA SOL.

Ah ! vous êtes ingrat !

HERNANI, *revenant sur ses pas.*

Eh bien, non ! non, je reste.

Tu le veux, me voici.   Viens, oh ! viens dans mes bras !
Je reste, et resterai tant que tu le voudras.
Oublions-les ! restons. —

Il l'assied sur un banc.

Sieds-toi sur cette pierre.   685

Il se place à ses pieds.

Des flammes de tes yeux inonde ma paupière,
Chante-moi quelque chant comme parfois le soir
Tu m'en chantais, avec des pleurs dans ton œil noir.
Soyons heureux ! buvons, car la coupe est remplie,
Car cette heure est à nous, et le reste est folie.　　690
Parle-moi, ravis-moi.　N'est-ce pas qu'il est doux
D'aimer et de savoir qu'on vous aime à genoux ?
D'être deux ? d'être seuls ? et que c'est douce chose
De se parler d'amour la nuit quand tout repose ?
Oh ! laisse-moi dormir et rêver sur ton sein,　　695
Doña Sol ! mon amour ! ma beauté !

Bruit de cloches au loin.

DOÑA SOL, *se levant effarée.*

Le tocsin !

Entends-tu ? le tocsin !

HERNANI, *toujours à genoux.*

Eh non ! c'est notre noce

Qu'on sonne.

*Le bruit des cloches augmente.　Cris confus, flambeaux et
lumières à toutes les fenêtres, sur tous les toits, dans toutes
les rues.*

DOÑA SOL.

Lève-toi ! fuis ! Grand Dieu ! Saragosse

S'allume !

HERNANI, *se soulevant à demi.*

Nous aurons une noce aux flambeaux.

DOÑA SOL.

C'est la noce des morts ! la noce des tombeaux !　　700
Bruit d'épées.　Cris.

HERNANI, *se recouchant sur le banc de pierre.*

Rendormons-nous !

UN MONTAGNARD, *l'épée à la main, accourant.*

                    Seigneur, les sbires, les alcades,
Débouchent dans la place en longues cavalcades !
Alerte, monseigneur !

                                        Hernani se lève.

DOÑA SOL, *pâle.*

Ah ! tu l'avais bien dit !

LE MONTAGNARD.

Au secours !

HERNANI, *au montagnard.*

Me voici.   C'est bien.

CRIS CONFUS, *au dehors.*

                                        Mort au bandit !

HERNANI, *au montagnard.*

Ton épée.

        A doña Sol.

        Adieu donc !

DOÑA SOL.

                        C'est moi qui fais ta perte !   705

Où vas tu ?

        Lui montrant la petite porte.

        Viens !   Fuyons par cette porte ouverte.

HERNANI.

Dieu ! laisser mes amis ! que dis-tu ?

                                Tumulte et cris.

DOÑA SOL.

Ces clameurs

Me brisent. Break

Retenant Hernani.

Souviens-toi que si tu meurs, je meurs !

HERNANI, *la tenant embrassée.*

Un baiser !

DOÑA SOL.

Mon époux ! mon Hernani ! mon maître !

HERNANI, *la baisant au front.*

Hélas ! c'est le premier.

DOÑA SOL.

C'est le dernier peut-être.   710

Il part. Elle tombe sur le banc.

ACTE TROISIÈME

LE VIEILLARD

LE CHATEAU DE SILVA

Dans les montagnes d'Aragon

La galerie des portraits de la famille de Silva ; grande salle, dont ces portraits, entourés de riches bordures, et surmontés de couronnes ducales et d'écussons dorés, font la décoration. Au fond une haute porte gothique. Entre chaque portrait une panoplie complète, toutes ces armures de siècles différents.

SCÈNE PREMIÈRE

Doña Sol, *blanche, et debout près d'une table ;* Don Ruy Gomez de Silva, *assis dans son grand fauteuil ducal en bois de chêne.*

DON RUY GOMEZ.

Enfin ! c'est aujourd'hui ! dans une heure on sera
Ma duchesse ! plus d'oncle ! et l'on m'embrassera !
Mais m'as-tu pardonné ? j'avais tort, je l'avoue.
J'ai fait rougir ton front, j'ai fait pâlir ta joue.
J'ai soupçonné trop vite, et je n'aurais point dû   715
Te condamner ainsi sans avoir entendu.
Que l'apparence a tort ! Injustes que nous sommes !
Certe, ils étaient bien là, les deux beaux jeunes hommes !
C'est égal. Je devais n'en pas croire mes yeux.
Mais que veux-tu, ma pauvre enfant ? quand on est vieux !   720

DOÑA SOL, *immobile et grave.*

Vous reparlez toujours de cela.   Qui vous blâme?

DON RUY GOMEZ.

Moi!   J'eus tort.   Je devais savoir qu'avec ton âme
On n'a point de galants lorsqu'on est doña Sol,
Et qu'on a dans le cœur de bon sang espagnol.

DOÑA SOL.

Certe, il est bon et pur, monseigneur, et peut-être   725
On le verra bientôt.

DON RUY GOMEZ, *se levant et allant à elle.*

            Écoute, on n'est pas maître
De soi-même, amoureux comme je suis de toi,
Et vieux.   On est jaloux, on est méchant, pourquoi?
Parce que l'on est vieux.   Parce que beauté, grâce,
Jeunesse, dans autrui, tout fait peur, tout menace.   730
Parce qu'on est jaloux des autres, et honteux
De soi.   Dérision! que cet amour boiteux,
Qui nous remet au cœur tant d'ivresse et de flamme,
Ait oublié le corps en rajeunissant l'âme!
— Quand passe un jeune pâtre—oui, c'en est là!—souvent,   735
Tandis que nous allons, lui chantant, moi rêvant,
Lui dans son pré vert, moi dans mes noires allées,
Souvent je dis tout bas : — O mes tours crénelées,
Mon vieux donjon ducal, que je vous donnerais,
Oh! que je donnerais mes blés et mes forêts,   740
Et les vastes troupeaux qui tondent mes collines,
Mon vieux nom, mon vieux titre, et toutes mes ruines,
Et tous mes vieux aïeux qui bientôt m'attendront,
Pour sa chaumière neuve et pour son jeune front! —

Car ses cheveux sont noirs, car son œil reluit comme   745
Le tien, tu peux le voir, et dire : Ce jeune homme !
Et puis penser à moi qui suis vieux.   Je le sais !
Pourtant j'ai nom Silva, mais ce n'est plus assez !
Oui, je me dis cela.   Vois à quel point je t'aime !
Le tout, pour être jeune et beau comme toi-même !   750
Mais à quoi vais-je ici rêver ?   Moi, jeune et beau !
Qui te dois de si loin devancer au tombeau !

DOÑA SOL.

Qui sait ?

DON RUY GOMEZ.

    Mais va, crois-moi, ces cavaliers frivoles
N'ont pas d'amour si grand qu'il ne s'use en paroles.
Qu'une fille aime et croie un de ces jouvenceaux,   755
Elle en meurt, il en rit.   Tous ces jeunes oiseaux,
A l'aile vive et peinte, au langoureux ramage,
Ont un amour qui mue ainsi que leur plumage.
Les vieux, dont l'âge éteint la voix et les couleurs,
Ont l'aile plus fidèle, et, moins beaux, sont meilleurs.   760
Nous aimons bien.   Nos pas sont lourds ? nos yeux arides ?
Nos fronts ridés ?   Au cœur on n'a jamais de rides.
Hélas ! quand un vieillard aime, il faut l'épargner.
Le cœur est toujours jeune et peut toujours saigner.
Oh ! mon amour n'est point comme un jouet de verre   765
Qui brille et tremble ; oh ! non, c'est un amour sévère,
Profond, solide, sûr, paternel, amical,
De bois de chêne, ainsi que mon fauteuil ducal !
Voilà comme je t'aime, et puis je t'aime encore
De cent autres façons, comme on aime l'aurore,   770
Comme on aime les fleurs, comme on aime les cieux !
De te voir tous les jours, toi, ton pas gracieux,

Ton front pur, le beau feu de ta fière prunelle,
Je ris, et j'ai dans l'âme une fête éternelle !

DOÑA SOL.

Hélas !

DON RUY GOMEZ.

      Et puis, vois-tu, le monde trouve beau,   775
Lorsqu'un homme s'éteint, et, lambeau par lambeau,
S'en va, lorsqu'il trébuche au marbre de la tombe,
Qu'une femme, ange pur, innocente colombe,
Veille sur lui, l'abrite, et daigne encor souffrir
L'inutile vieillard qui n'est bon qu'à mourir.
C'est une œuvre sacrée et qu'à bon droit on loue   780
Que ce suprême effort d'un cœur qui se dévoue,
Qui console un mourant jusqu'à la fin du jour,
Et, sans aimer peut-être, a des semblants d'amour !
Ah ! tu seras pour moi cet ange au cœur de femme   785
Qui du pauvre vieillard réjouit encor l'âme,
Et de ses derniers ans lui porte la moitié,
Fille par le respect et sœur par la pitié.

DOÑA SOL.

Loin de me précéder, vous pourrez bien me suivre,
Monseigneur.   Ce n'est pas une raison pour vivre   790
Que d'être jeune.   Hélas ! je vous le dis, souvent
Les vieillards sont tardifs, les jeunes vont devant,
Et leurs yeux brusquement referment leur paupière,
Comme un sépulcre ouvert dont retombe la pierre.

DON RUY GOMEZ.

Oh ! les sombres discours !   Mais je vous gronderai,   795
Enfant ! un pareil jour est joyeux et sacré.

Comment, à ce propos, quand l'heure nous appelle,
N'êtes-vous pas encor prête pour la chapelle ?
Mais, vite ! habillez-vous.   Je compte les instants.
La parure de noce !

DOÑA SOL.

Il sera toujours temps.   800

DON RUY GOMEZ.

Non pas.

Entre un page.

Que veut Iaquez ?

LE PAGE.

Monseigneur, à la porte
Un homme, un pèlerin, un mendiant, n'importe,
Est là qui vous demande asile.

DON RUY GOMEZ.

Quel qu'il soit,
Le bonheur entre avec l'étranger qu'on reçoit.
Qu'il vienne. — Du dehors a-t-on quelques nouvelles ?   805
Que dit-on de ce chef de bandits infidèles
Qui remplit nos forêts de sa rébellion ?

LE PAGE.

C'en est fait d'Hernani, c'en est fait du lion
De la montagne.

DOÑA SOL, *à part.*

Dieu !

DON RUY GOMEZ.

Quoi ?

LE PAGE.

                    La bande est détruite.
Le roi, dit-on, s'est mis lui-même à leur poursuite.   810
La tête d'Hernani vaut mille écus du roi
Pour l'instant ; mais on dit qu'il est mort.

DOÑA SOL, *à part.*

                         Quoi ! sans moi,
Hernani ?

DON RUY GOMEZ.

          Grâce au ciel ! il est mort, le rebelle !
On peut se réjouir maintenant, chère belle.
Allez donc vous parer, mon amour, mon orgueil !   815
Aujourd'hui, double fête !

DOÑA SOL, *à part.*

                    Oh ! des habits de deuil !

Elle sort.

DON RUY GOMEZ, *au page.*

Fais-lui vite porter l'écrin que je lui donne.

Il se rassied dans son fauteuil.

Je veux la voir parée ainsi qu'une madone,
Et grâce à ses doux yeux, et grâce à mon écrin,
Belle à faire à genoux tomber un pèlerin.   820
A propos, et celui qui nous demande un gîte ?
Dis-lui d'entrer, fais-lui nos excuses, cours vite.

Le page salue et sort.

Laisser son hôte attendre ! ah ! c'est mal !

*La porte du fond s'ouvre. Paraît Hernani déguisé en pèle-
rin. Le duc se lève et va à sa rencontre.*

SCÈNE II

Don Ruy Gomez, Hernani.

Hernani s'arrête sur le seuil de la porte.

HERNANI.

Monseigneur,

Paix et bonheur à vous !

DON RUY GOMEZ, *le saluant de la main.*

A toi paix et bonheur,

Mon hôte !

Hernani entre.   Le duc se rassied.

N'es-tu pas pèlerin ?

HERNANI, *s'inclinant.*

Oui.

DON RUY GOMEZ.

Sans doute   825

Tu viens d'Armillas ?

HERNANI.

Non.   J'ai pris une autre route ;

On se battait par là.

DON RUY GOMEZ.

La troupe du banni,

N'est-ce pas ?

HERNANI.

Je ne sais.

DON RUY GOMEZ.

Le chef, le Hernani,

Que devient-il ? sais-tu ?

HERNANI.

Seigneur, quel est cet homme ?

DON RUY GOMEZ.

Tu ne le connais pas ? tant pis ! la grosse somme   830
Ne sera point pour toi.   Vois-tu, ce Hernani,
C'est un rebelle au roi, trop longtemps impuni.
Si tu vas à Madrid, tu le pourras voir pendre. hang

HERNANI.

Je n'y vais pas.

DON RUY GOMEZ.

Sa tête est à qui veut la prendre. *to anyone*

HERNANI, *à part.*

Qu'on y vienne ! *let them try it*

DON RUY GOMEZ.

Où vas-tu, bon pèlerin ?

HERNANI.

Seigneur,   835

Je vais à Saragosse.

DON RUY GOMEZ.

Un vœu fait en l'honneur
D'un saint ? de Notre-Dame ?

HERNANI.

Oui, duc, de Notre-Dame.

DON RUY GOMEZ.

Del Pilar?

HERNANI.

Del Pilar.

DON RUY GOMEZ.

                    Il faut n'avoir point d'âme
Pour ne point acquitter les vœux qu'on fait aux saints.
Mais, le tien accompli, n'as-tu d'autres desseins?   84t
Voir le Pilier, c'est là tout ce que tu désires?

HERNANI.

Oui, je veux voir brûler les flambeaux et les cires,
Voir Notre-Dame, au fond du sombre corridor,
Luire en sa châsse ardente avec sa chape d'or,
Et puis m'en retourner.

DON RUY GOMEZ.

                    Fort bien. — Ton nom, mon frère? 845
Je suis Ruy de Silva.

HERNANI, *hésitant*.

                    Mon nom? . . .

DON RUY GOMEZ.

                                        Tu peux le taire
Si tu veux.   Nul n'a droit de le savoir ici.
Viens tu pas demander asile?

HERNANI.

                    Oui, duc.

DON RUY GOMEZ.

Merci.

Sois le bienvenu. Reste, ami, ne te fais faute *use freely everything*
De rien. Quant à ton nom, tu te nommes mon hôte. **850**
Qui que tu sois, c'est bien ! et, sans être inquiet,
J'accueillerais Satan, si Dieu me l'envoyait.

*La porte du fond s'ouvre à deux battants. Entre doña Sol,
en parure de mariée. Derrière elle, pages, valets, et deux
femmes portant sur un coussin de velours un coffret d'ar-
gent ciselé, qu'elles vont déposer sur une table, et qui renferme un riche écrin, couronne de duchesse, bracelets,
colliers, perles et brillants pêle-mêle. — Hernani, haletant
et effaré, considère doña Sol avec des yeux ardents, sans
écouter le duc.*

SCÈNE III

LES MÊMES, DOÑA SOL, PAGES, VALETS, FEMMES.

DON RUY GOMEZ, *continuant.*

Voici ma Notre-Dame, à moi. L'avoir priée
Te portera bonheur.

Il va présenter la main à doña Sol, toujours pâle et grave.

Ma belle mariée, *bride*

Venez. — Quoi ! pas d'anneau ! pas de couronne encor ! **855**

HERNANI, *d'une voix tonnante.*

Qui veut gagner ici mille carolus d'or ?

*Tous se retournent étonnés. Il déchire sa robe de pèlerin, la
foule aux pieds, et en sort dans son costume de montagnard.*

Je suis Hernani.

DOÑA SOL, *à part, avec joie.*

Ciel ! vivant !

HERNANI, *aux valets.*

Je suis cet **homme**
Qu'on cherche.

> *Au duc.*

Vous vouliez savoir si je me nomme
Perez ou Diego ? — Non, je me nomme Hernani.
C'est un bien plus beau nom, c'est un nom de banni,   860
C'est un nom de proscrit ! Vous voyez cette tête ?
Elle vaut assez d'or pour payer votre fête.

> *Aux valets.*

Je vous la donne à tous. Vous serez bien payés !
Prenez ! liez mes mains, liez mes pieds, liez !
Mais non, c'est inutile, une chaîne me lie   865
Que je ne romprai point !

DOÑA SOL, *à part.*

Malheureuse !

DON RUY GOMEZ.

Folie !
Çà, mon hôte est un fou !

HERNANI.

Votre hôte est un bandit

DOÑA SOL.

Oh ! ne l'écoutez pas !

HERNANI.

J'ai dit ce que j'ai **dit.**

DON RUY GOMEZ.

Mille carolus d'or ! monsieur, la somme est forte,
Et je ne suis pas sûr de tous mes gens.

HERNANI.

Qu'importe ?   870
Tant mieux si dans le nombre il s'en trouve un qui veut.

Aux valets.

Livrez-moi ! vendez-moi !

DON RUY GOMEZ, *s'efforçant de le faire taire.*

Taisez-vous donc ! on peut
Vous prendre au mot.

HERNANI.

Amis, l'occasion est belle !
Je vous dis que je suis le proscrit, le rebelle,
Hernani !

DON RUY GOMEZ.

Taisez-vous !

HERNANI.

Hernani !

DOÑA SOL, *d'une voix éteinte, à son oreille.*

Oh ! tais-toi !   875

HERNANI, *se détournant à demi vers doña Sol.*

On se marie ici ! Je veux en être, moi !
Mon épousée aussi m'attend !

Au duc.

Elle est moins belle
Que la vôtre, seigneur, mais n'est pas moins fidèle.
C'est la mort !

Aux valets.

Nul de vous ne fait un pas encor?

DOÑA SOL, *bas.*

Par pitié !

HERNANI, *aux valets.*

Hernani ! mille carolus d'or !   880

DON RUY GOMEZ.

C'est le démon !

HERNANI, *à un jeune homme.*

Viens, toi ; tu gagneras la somme.
Riche alors, de valet tu redeviendras homme.

Aux valets qui restent immobiles.

Vous aussi, vous tremblez ! ai-je assez de malheur !

DON RUY GOMEZ.

Frère, à toucher ta tête ils risqueraient la leur.
Fusses-tu Hernani, fusses-tu cent fois pire,   885
Pour ta vie au lieu d'or offrît-on un empire,
Mon hôte, je te dois protéger en ce lieu,
Même contre le roi, car je te tiens de Dieu.
S'il tombe un seul cheveu de ton front, que je meure !

A doña Sol.

Ma nièce, vous serez ma femme dans une heure ;   890
Rentrez chez vous. Je vais faire armer le château,
J'en vais fermer la porte.

Il sort. Les valets le suivent.

HERNANI, *regardant avec désespoir sa ceinture dégarnie
et désarmée.*

Oh ! pas même un couteau !

Doña Sol, après que le duc a disparu, fait quelques pas comme pour suivre ses femmes, puis s'arrête, et, dès qu'elles sont sorties, revient vers Hernani avec anxiété.

SCÈNE IV

HERNANI, DOÑA SOL.

Hernani considère avec un regard froid et comme inattentif l'écrin nuptial placé sur la table ; puis il hoche la tête, et ses yeux s'allument.

HERNANI.

Je vous fais compliment ! Plus que je ne puis dire
La parure me charme, et m'enchante, et j'admire !

Il s'approche de l'écrin.

La bague est de bon goût, — la couronne me plaît, —   895
Le collier est d'un beau travail, — le bracelet
Est rare, — mais cent fois, cent fois moins que la femme
Qui sous un front si pur cache ce cœur infâme !

Examinant de nouveau le coffret.

Et qu'avez-vous donné pour tout cela ? — Fort bien !
Un peu de votre amour ? mais, vraiment, c'est pour rien !   900
Grand Dieu ! trahir ainsi ! n'avoir pas honte, et vivre !

Examinant l'écrin.

Mais peut-être après tout c'est perle fausse et cuivre
Au lieu d'or, verre et plomb, diamants déloyaux,
Faux saphirs, faux bijoux, faux brillants, faux joyaux !
Ah ! s'il en est ainsi, comme cette parure,   905
Ton cœur est faux, duchesse, et tu n'es que dorure !

Il revient au coffret.

— Mais non, non.   Tout est vrai, tout est bon, tout est beau !
Il n'oserait tromper, lui qui touche au tombeau.
Rien n'y manque.

Il prend l'une après l'autre toutes les pièces de l'écrin.

                    Collier, brillants, pendants d'oreille,
Couronne de duchesse, anneau d'or. . . . — A merveille ! 910
Grand merci de l'amour sûr, fidèle et profond !
Le précieux écrin !

DOÑA SOL.

Elle va au coffret, y fouille, et en tire un poignard.

                    Vous n'allez pas au fond !
— C'est le poignard qu'avec l'aide de ma patronne
Je pris au roi Carlos, lorsqu'il m'offrit un trône
Et que je refusai, pour vous qui m'outragez !   915

HERNANI, *tombant à ses pieds.*

Oh ! laisse qu'à genoux dans tes yeux affligés
J'efface tous ces pleurs amers et pleins de charmes,
Et tu prendras après tout mon sang pour tes larmes !

DOÑA SOL, *attendrie.*

Hernani ! je vous aime et vous pardonne, et n'ai
Que de l'amour pour vous.

HERNANI.

                    Elle m'a pardonné,   920
Et m'aime !   Qui pourra faire aussi que moi-même,
Après ce que j'ai dit, je me pardonne et m'aime ?
Oh ! je voudrais savoir, ange au ciel réservé,
Où vous avez marché, pour baiser le pavé !

DOÑA SOL.

Ami !

HERNANI. *très désagréable*

Non, je dois t'être odieux !   Mais, écoute,   925
Dis-moi : Je t'aime !   Hélas ! rassure un cœur qui doute,
Dis-le-moi ! car souvent avec ce peu de mots
La bouche d'une femme a guéri bien des maux.

DOÑA SOL, *absorbée et sans l'entendre.*

Croire que mon amour eût si peu de mémoire !
Que jamais ils pourraient, tous ces hommes sans gloire,   930
Jusqu'à d'autres amours, plus nobles à leur gré,
Rapetisser un cœur où son nom est entré !

HERNANI.

Hélas ! j'ai blasphémé !   Si j'étais à ta place,
Doña Sol, j'en aurais assez, je serais lasse
De ce fou furieux, de ce sombre insensé   935
Qui ne sait caresser qu'après qu'il a blessé.
Je lui dirais : Va-t'en ! — Repousse-moi, repousse !
Et je te bénirai, car tu fus bonne et douce,
Car tu m'as supporté trop longtemps, car je suis
Mauvais, je noircirais tes jours avec mes nuits,   940
Car c'en est trop enfin, ton âme est belle et haute
Et pure, et si je suis méchant, est-ce ta faute ?
Épouse le vieux duc ! il est bon, noble, il a
Par sa mère Olmedo, par son père Alcala.
Encore un coup, sois riche avec lui, sois heureuse !   945
Moi, sais-tu ce que peut cette main généreuse
T'offrir de magnifique ? une dot de douleurs.
Tu pourras y choisir ou du sang ou des pleurs.
L'exil, les fers, la mort, l'effroi qui m'environne,
C'est là ton collier d'or, c'est ta belle couronne,   950

Et jamais à l'épouse un époux plein d'orgueil
N'offrit plus riche écrin de misère et de deuil.
Épouse le vieillard, te dis-je ; il te mérite !
Eh ! qui jamais croira que ma tête proscrite
Aille avec ton front pur ? qui, nous voyant tous deux,   955
Toi calme et belle, moi violent, hasardeux
Toi paisible et croissant comme une fleur à l'ombre,
Moi heurté dans l'orage à des écueils sans nombre,
Qui dira que nos sorts suivent la même loi ?
Non.   Dieu qui fait tout bien ne te fit pas pour moi.   960
Je n'ai nul droit d'en haut sur toi, je me résigne.
J'ai ton cœur, c'est un vol ! je le rends au plus digne.
Jamais à nos amours le ciel n'a consenti.
Si j'ai dit que c'était ton destin, j'ai menti.
D'ailleurs, vengeance, amour, adieu ! mon jour s'achève.   965
Je m'en vais, inutile, avec mon double rêve,
Honteux de n'avoir pu ni punir ni charmer,
Qu'on m'ait fait pour haïr, moi qui n'ai su qu'aimer !
Pardonne-moi ! fuis-moi ! ce sont mes deux prières ;
Ne les rejette pas, car ce sont les dernières.   970
Tu vis et je suis mort.   Je ne vois pas pourquoi
Tu te ferais murer dans ma tombe avec moi.

DOÑA SOL.

Ingrat !

HERNANI.

        Monts d'Aragon ! Galice ! Estramadoure !
– Oh ! je porte malheur à tout ce qui m'entoure ! –
J'ai pris vos meilleurs fils, pour mes droits sans remords   975
Je les ai fait combattre, et voilà qu'ils sont morts !
C'étaient les plus vaillants de la vaillante Espagne.
Ils sont morts ! ils sont tous tombés dans la montagne,

Tous sur le dos couchés, en braves, devant Dieu,
Et, si leurs yeux s'ouvraient, ils verraient le ciel bleu ! 980
Voilà ce que je fais de tout ce qui m'épouse !
Est-ce une destinée à te rendre jalouse ?
Doña Sol, prends le duc, prends l'enfer, prends le roi !
C'est bien. Tout ce qui n'est pas moi vaut mieux que moi !
Je n'ai plus un ami qui de moi se souvienne, 985
Tout me quitte, il est temps qu'à la fin ton tour vienne,
Car je dois être seul. Fuis ma contagion.
Ne te fais pas d'aimer une religion !
Oh ! par pitié pour toi, fuis ! — Tu me crois peut-être
Un homme comme sont tous les autres, un être 990
Intelligent, qui court droit au but qu'il rêva.
Détrompe-toi. Je suis une force qui va !
Agent aveugle et sourd de mystères funèbres !
Une âme de malheur faite avec des ténèbres !
Où vais-je ? je ne sais. Mais je me sens poussé 995
D'un souffle impétueux, d'un destin insensé.
Je descends, je descends, et jamais ne m'arrête.
Si parfois, haletant, j'ose tourner la tête,
Une voix me dit : Marche ! et l'abîme est profond,
Et de flamme ou de sang je le vois rouge au fond ! 1000
Cependant, à l'entour de ma course farouche,
Tout se brise, tout meurt. Malheur à qui me touche !
Oh ! fuis ! détourne-toi de mon chemin fatal.
Hélas ! sans le vouloir, je te ferais du mal !

DOÑA SOL.

Grand Dieu !

HERNANI.

C'est un démon redoutable, te dis-je, 1005
Que le mien. Mon bonheur ! voilà le seul prodige

Qui lui soit impossible.   Et toi, c'est le bonheur !
Tu n'es donc pas pour moi, cherche un autre seigneur !
Va, si jamais le ciel à mon sort qu'il renie
Souriait . . . n'y crois pas ! ce serait ironie !   1010
Épouse le duc !

DOÑA SOL.

                  Donc, ce n'était pas assez !
Vous aviez déchiré mon cœur, vous le brisez !
Ah ! vous ne m'aimez plus !

HERNANI.

                            Oh ! mon cœur et mon âme,
C'est toi ! l'ardent foyer d'où me vient toute flamme,
C'est toi ! ne m'en veux pas de fuir, être adoré !   1015

DOÑA SOL.

Je ne vous en veux pas.   Seulement, j'en mourrai.

HERNANI.

Mourir ! pour qui ? pour moi ?   Se peut-il que tu meures
Pour si peu ?

DOÑA SOL, *laissant éclater ses larmes.*

        Voilà tout.

Elle tombe sur un fauteuil.

HERNANI, *s'asseyant près d'elle.*

                        Oh ! tu pleures ! tu pleures !
Et c'est encor ma faute ! et qui me punira ?
Car tu pardonneras encor !   Qui te dira   1020
Ce que je souffre au moins lorsqu'une larme noie
La flamme de tes yeux dont l'éclair est ma joie !

Oh ! mes amis sont morts ! Oh ! je suis insensé !
Pardonne.   Je voudrais aimer, je ne le sai !
Hélas ! j'aime pourtant d'une amour bien profonde ! — 1025
Ne pleure pas ! mourons plutôt ! — Que n'ai-je un monde?
Je te le donnerais !   Je suis bien malheureux !

DOÑA SOL, *se jetant à son cou.*

Vous êtes mon lion superbe et généreux !
Je vous aime.

HERNANI.

Oh ! l'amour serait un bien suprême
Si l'on pouvait mourir de trop aimer !

DOÑA SOL.

Je t'aime !   1030
Monseigneur !   Je vous aime et je suis toute à vous.

HERNANI, *laissant tomber sa tête sur son épaule.*

Oh ! qu'un coup de poignard de toi me serait doux !

DOÑA SOL, *suppliante.*

Ah ! ne craignez-vous pas que Dieu ne vous punisse
De parler de la sorte?

HERNANI, *toujours appuyé sur son sein.*

Eh bien ! qu'il nous unisse !
Tu le veux.   Qu'il en soit ainsi ! — J'ai résisté.   1035
Tous deux, dans les bras l'un de l'autre, se regardent avec
extase, sans voir, sans entendre, et comme absorbés dans leur
regard. — Entre don Ruy Gomez par la porte du fond. Il
regarde et s'arrête comme pétrifié sur le seuil.

6

SCÈNE V

HERNANI, DOÑA SOL, DON RUY GOMEZ.

DON RUY GOMEZ, *immobile et croisant les bras sur le seuil de la porte.*

Voilà donc le paîment de l'hospitalité !

DOÑA SOL.

Dieu ! le duc !

Tous deux se retournent comme réveillés en sursaut.

DON RUY GOMEZ, *toujours immobile.*

C'est donc là mon salaire, mon hôte ?
— Bon seigneur, va-t'en voir si ta muraille est haute,
Si la porte est bien close et l'archer dans sa tour,
De ton château pour nous fais et refais le tour,   1040
Cherche en ton arsenal une armure à ta taille,
Ressaie à soixante ans ton harnois de bataille !
Voici la loyauté dont nous paîrons ta foi !
Tu fais cela pour nous, et nous ceci pour toi !
Saints du ciel ! j'ai vécu plus de soixante années,   1045
J'ai vu bien des bandits aux âmes effrénées,
J'ai souvent, en tirant ma dague du fourreau,
Fait lever sur mes pas des gibiers de bourreau,
J'ai vu des assassins, des monnayeurs, des traîtres,
De faux valets à table empoisonnant leurs maîtres,   1050
J'en ai vu qui mouraient sans croix et sans pater,
J'ai vu Sforce, j'ai vu Borgia, je vois Luther,
Mais je n'ai jamais vu perversité si haute
Qui n'eût craint le tonnerre en trahissant son hôte !

Ce n'est pas de mon temps.   Si noire trahison   1055
Pétrifie un vieillard au seuil de sa maison,
Et fait que le vieux maître, en attendant qu'il tombe,
A l'air d'une statue à mettre sur sa tombe.
Maures et castillans ! quel est cet homme-ci ?

Il lève les yeux et les promène sur les portraits qui entourent
la salle.

O vous, tous les Silva qui m'écoutez ici,   1060
Pardon si devant vous, pardon si ma colère
Dit l'hospitalité mauvaise conseillère !

HERNANI, *se levant.*

Duc . . .

DON RUY GOMEZ.

Tais-toi !

Il fait lentement trois pas dans la salle et promène de nouveau
ses regards sur les portraits des Silva.

Morts sacrés ! aïeux ! hommes de fer !
Qui voyez ce qui vient du ciel et de l'enfer,
Dites-moi, messeigneurs, dites, quel est cet homme ?   1065
Ce n'est pas Hernani, c'est Judas qu'on le nomme !
Oh ! tâchez de parler pour me dire son nom !

Croisant les bras.

Avez-vous de vos jours vu rien de pareil ?   Non !

HERNANI.

Seigneur duc . . .

DON RUY GOMEZ, *toujours aux portraits.*

Voyez-vous ? il veut parler, l'infâme !
Mais, mieux encor que moi, vous lisez dans son âme.   1070

Oh ! ne l'écoutez pas ! C'est un fourbe ! Il prévoit
Que mon bras va sans doute ensanglanter mon toit,
Que peut-être mon cœur couvé dans ses tempêtes
Quelque vengeance, sœur du festin des sept têtes,
Il vous dira qu'il est proscrit, il vous dira   1075
Qu'on va dire Silva comme l'on dit Lara,
Et puis qu'il est mon hôte, et puis qu'il est votre hôte,
Mes aïeux, mes seigneurs, voyez, est-ce ma faute ?
Jugez entre nous deux !

HERNANI.

                    Ruy Gomez de Silva,
Si jamais vers le ciel noble front s'éleva,   1080
Si jamais cœur fut grand, si jamais âme haute,
C'est la vôtre, seigneur ! c'est la tienne, ô mon hôte !
Moi qui te parle ici, je suis coupable, et n'ai
Rien à dire, sinon que je suis bien damné.
Oui, j'ai voulu te prendre et t'enlever ta femme,   1085
Oui, j'ai voulu souiller ton lit, oui, c'est infâme !
J'ai du sang.   Tu feras très bien de le verser,
D'essuyer ton épée, et de n'y plus penser !

DOÑA SOL.

Seigneur, ce n'est pas lui !   Ne frappez que moi-même !

HERNANI.

Taisez-vous, doña Sol.   Car cette heure est suprême.   1090
Cette heure m'appartient.   Je n'ai plus qu'elle.   Ainsi
Laissez-moi m'expliquer avec le duc ici.
Duc, crois aux derniers mots de ma bouche ; j'en jure,
Je suis coupable, mais sois tranquille, — elle est pure !

C'est là tout.   Moi coupable, elle pure ; ta foi *faith*   1095
Pour elle, un coup d'épée ou de poignard pour moi.
Voilà. — Puis fais jeter le cadavre *corpse* à la porte
Et laver le plancher *floor*, si tu veux, il n'importe !

DOÑA SOL.

Ah ! moi seule ai tout fait.   Car je l'aime.

Don Ruy se détourne à ce mot en tressaillant et fixe sur doña
   Sol un regard terrible.   Elle se jette à ses genoux.

Oui, pardon !

Je l'aime, monseigneur !

DON RUY GOMEZ.

Vous l'aimez !

A Hernani.

Tremble donc ! 1100

Bruit de trompettes au dehors. — Entre le page.
   Au page.

Qu'est ce bruit ?

LE PAGE.

C'est le roi, monseigneur, en personne,
Avec un gros d'archers et son héraut *herald* qui sonne.

DOÑA SOL.

Dieu ! le roi !   Dernier coup !

LE PAGE, *au duc.*

Il demande pourquoi
La porte est close, et veut qu'on ouvre.

DON RUY GOMEZ.

Ouvrez au roi.

Le page s'incline et sort.

DOÑA SOL.

Il est perdu !

Don Ruy Gomez va à l'un des tableaux, qui est son propre
portrait et le dernier à gauche ; il presse un ressort, le por-
trait s'ouvre comme une porte, et laisse voir une cachette
pratiquée dans le mur.   Il se tourne vèrs Hernani.

DON RUY GOMEZ.

Monsieur, venez ici.

HERNANI.

Ma tête   1105

Est à toi.   Livre-la, seigneur.   Je la tiens prête.
Je suis ton prisonnier.

Il entre dans la cachette.   Don Ruy presse de nouveau le res-
sort, tout se referme, et le portrait revient à sa place.

DOÑA SOL, *au duc.*

Seigneur, pitié pour lui !

LE PAGE, *entrant.*

Son altesse le roi.

Doña Sol baisse précipitamment son voile.   La porte s'ouvre
à deux battants.   Entre don Carlos en habit de guerre,
suivi d'une foule de gentilshommes également armés, de per-
tuisaniers, d'arquebusiers, d'arbalétriers.

SCÈNE VI

Don Ruy Gomez, Doña Sol *voilée;* Don Carlos; suite.

*Don Carlos s'avance à pas lents, la main gauche sur le pom-
meau de son épée, la droite dans sa poitrine, et fixe sur le
vieux duc un œil de défiance et de colère. Le duc va au-
devant du roi et le salue profondément. — Silence. — Attente
et terreur alentour. Enfin, le roi, arrivé en face du duc,
lève brusquement la tête.*

DON CARLOS.

D'où vient donc aujourd'hui,
Mon cousin, que ta porte est si bien verrouillée ?
Par les saints ! je croyais ta dague plus rouillée !   1110
Et je ne savais pas qu'elle eût hâte à ce point,
Quand nous te venons voir, de reluire à ton poing !

*Don Ruy Gomez veut parler, le roi poursuit avec un
geste impérieux.*

C'est s'y prendre un peu tard pour faire le jeune homme !
Avons-nous des turbans ? serait-ce qu'on me nomme
Boabdil ou Mahom, et non Carlos, répond !   1115
Pour nous baisser la herse et nous lever le pont ?

DON RUY GOMEZ, *s'inclinant.*

Seigneur . . .

DON CARLOS, *à ses gentilshommes.*

Prenez les clefs ! saisissez-vous des portes !

*Deux officiers sortent. Plusieurs autres rangent les soldats
en triple haie dans la salle, du roi à la grande porte. Don
Carlos se retourne vers le duc.*

Ah ! vous réveillez donc les rébellions mortes ?
Pardieu ! si vous prenez de ces airs avec moi,
Messieurs les ducs, le roi prendra des airs de roi,   1120
Et j'irai par les monts, de mes mains aguerries,
Dans leurs nids crénelés tuer les seigneuries !

               DON RUY GOMEZ, *se redressant.*

Altesse, les Silva sont loyaux . . .

               DON CARLOS, *l'interrompant.*

                         Sans détours
Réponds, duc, ou je fais raser tes onze tours !
De l'incendie éteint il reste une étincelle,   1125
Des bandits morts il reste un chef. — Qui le recèle ?
C'est toi !   Ce Hernani, rebelle empoisonneur,
Ici, dans ton château, tu le caches !

               DON RUY GOMEZ.
                         Seigneur,
C'est vrai.

               DON CARLOS.
          Fort bien.   Je veux sa tête, — ou bien la tienne.
Entends-tu, mon cousin ?

               DON RUY GOMEZ, *s'inclinant.*
                         Mais qu'à cela ne tienne !   1130
Vous serez satisfait.
Doña Sol cache sa tête dans ses mains et tombe sur le fauteuil.

               DON CARLOS, *radouci.*
          Ah ! tu t'amendes. — Va
Chercher mon prisonnier.

Le duc croise les bras, baisse la tête et reste quelques moments
rêveur.   Le roi et doña Sol l'observent en silence et agités
d'émotions contraires.   Enfin le duc relève son front, va
au roi, lui prend la main, et le mène à pas lents devant le
plus ancien des portraits, celui qui commence la galerie à
droite.

DON RUY GOMEZ, *montrant au roi le vieux portrait.*

Celui-ci des Silva

C'est l'aîné, c'est l'aïeul, l'ancêtre, le grand homme !
Don Silvius, qui fut trois fois consul de Rome.

Passant au portrait suivant.

Voici don Galceran de Silva, l'autre Cid !   1135
On lui garde à Toro, près de Valladolid,
Une châsse dorée où brûlent mille cierges.
Il affranchit Léon du tribut des cent vierges.

Passant à un autre.

— Don Blas, — qui, de lui-même et dans sa bonne foi,
S'exila pour avoir mal conseillé le roi.   1140

A un autre.

— Christoval. — Au combat d'Escalona, don Sanche,
Le roi, fuyait à pied, et sur sa plume blanche
Tous les coups s'acharnaient, il cria : Christoval !
Christoval prit la plume et donna son cheval.

A un autre.

— Don Jorge, qui paya la rançon de Ramire,   1145
Roi d'Aragon.

DON CARLOS, *croisant les bras et le regardant de la tête*
aux pieds.

Pardieu ! don Ruy, je vous admire !
Continuez !

DON RUY GOMEZ, *passant à un autre.*

Voici Ruy Gomez de Silva,
Grand maître de Saint-Jacque et de Calatrava.
Son armure géante irait mal à nos tailles.
Il prit trois cents drapeaux, gagna trente batailles,   1150
Conquit au roi Motril, Antequera, Suez,
Nijar, et mourut pauvre. — Altesse, saluez.

Il s'incline, se découvre, et passe à un autre. Le roi l'écoute
avec une impatience et une colère toujours croissantes.

Près de lui, Gil son fils, cher aux âmes loyales.
Sa main pour un serment valait les mains royales.

A un autre.

— Don Gaspard, de Mendoce et de Silva l'honneur !   1155
Toute noble maison tient à Silva, seigneur.
Sandoval tour à tour nous craint ou nous épouse.
Manrique nous envie et Lara nous jalouse.
Alencastre nous hait.   Nous touchons à la fois
Du pied à tous les ducs, du front à tous les rois !   1160

DON CARLOS.

Vous raillez-vous ?

DON RUY GOMEZ, *allant à d'autres portraits.*

Voilà donc Vasquez, dit le Sage,
Don Jayme, dit le Fort.   Un jour, sur son passage,
Il arrêta Zamet et cent maures tout seul.
— J'en passe, et des meilleurs. —

Sur un geste de colère du roi, il passe un grand nombre de
tableaux, et vient tout de suite aux trois derniers portraits
à gauche du spectateur.

                              Voici mon noble aïeul.
Il vécut soixante ans, gardant la foi jurée,   1165
Même aux juifs. *jews.*

                      A l'avant-dernier.

                      Ce vieillard, cette tête sacrée,
C'est mon père.   Il fut grand, quoiqu'il vînt le dernier.
Les maures de Grenade avaient fait prisonnier
Le comte Alvar Giron, son ami.   Mais mon père
Prit pour l'aller chercher six cents hommes de guerre ;   1170
Il fit tailler en pierre un comte Alvar Giron
Qu'à sa suite il traîna, jurant par son patron
De ne point reculer, que le comte de pierre
Ne tournât front lui-même et n'allât en arrière.
Il combattit, puis vint au comte, et le sauva.   1175

                      DON CARLOS.

Mon prisonnier !

                      DON RUY GOMEZ.

                      C'était un Gomez de Silva.
Voilà donc ce qu'on dit quand dans cette demeure
On voit tous ces héros . . .

                      DON CARLOS.

                      Mon prisonnier sur l'heure !

                      DON RUY GOMEZ.

Il s'incline profondément devant le roi, lui prend la main et le
mène devant le dernier portrait, celui qui sert de porte à la
cachette où il a fait entrer Hernani.   Doña Sol le suit des
yeux avec anxiété. — Attente et silence dans l'assistance.

Ce portrait, c'est le mien. — Roi don Carlos, merci !
Car vous voulez qu'on dise en le voyant ici :   1180

" Ce dernier, digne fils d'une race si haute,
Fut un traître et vendit la tête de son hôte ! "

*Joie de doña Sol.   Mouvement de stupeur dans les assistants.
Le roi, déconcerté, s'éloigne avec colère, puis reste quelques
instants silencieux, les lèvres tremblantes et l'œil enflammé.*

DON CARLOS.

Duc, ton château me gêne et je le mettrai bas !

DON RUY GOMEZ.

Car vous me la pairiez, altesse, n'est-ce pas ?

DON CARLOS.

Duc, j'en ferai raser les tours pour tant d'audace,   1185
Et je ferai semer du chanvre sur la place.

DON RUY GOMEZ.

Mieux voir croître du chanvre où ma tour s'éleva
Qu'une tache ronger le vieux nom de Silva.

Aux portraits.

N'est-il pas vrai, vous tous ?

DON CARLOS.

                            Duc, cette tête est nôtre.
Et tu m'avais promis . . .

DON RUY GOMEZ.

                            J'ai promis l'une ou l'autre.   1190

Aux portraits.

N'est-il pas vrai, vous tous ?

Montrant sa tête.

                            Je donne celle-ci.

Au roi.

Prenez-la.

DON CARLOS.

Duc, fort bien. Mais j'y perds, grand merci !
La tête qu'il me faut est jeune, il faut que morte
On la prenne aux cheveux.   La tienne ! que m'importe ?
Le bourreau la prendrait par les cheveux en vain.   1195
Tu n'en as pas assez pour lui remplir la main !

DON RUY GOMEZ.

Altesse, pas d'affront ! ma tête encore est belle,
Et vaut bien, que je crois, la tête d'un rebelle.
La tête d'un Silva, vous êtes dégoûté !

DON CARLOS.

Livre-nous Hernani !

DON RUY GOMEZ.

Seigneur, en vérité,   1200
J'ai dit.

DON CARLOS, *à sa suite.*

Fouillez partout ! et qu'il ne soit point d'aile,
De cave ni de tour . . .

DON RUY GOMEZ.

Mon donjon est fidèle
Comme moi.   Seul il sait le secret avec moi.
Nous le garderons bien tous deux.

DON CARLOS.

Je suis le roi !

DON RUY GOMEZ.

Hors que de mon château démoli pierre à pierre   1205
On ne fasse ma tombe, on n'aura rien.

DON CARLOS.
                                        Prière,
Menace, tout est vain ! — Livre-moi le bandit,
Duc ! ou tête et château, j'abattrai tout !

DON RUY GOMEZ.
                                        J'ai dit.

DON CARLOS.
Eh bien donc, au lieu d'une, alors j'aurai deux têtes.
          Au duc d'Alcala.
Jorge, arrêtez le duc.

DOÑA SOL, *arrachant son voile et se jetant entre le roi, le
          duc et les gardes.*
                         Roi don Carlos, vous êtes   1210
Un mauvais roi !

DON CARLOS.
             Grand Dieu ! que vois-je ? doña Sol !

DOÑA SOL.
Altesse, tu n'as pas le cœur d'un espagnol !

DON CARLOS, *troublé.*
Madame, pour le roi vous êtes bien sévère.
          Il s'approche de doña Sol.
     Bas.
C'est vous qui m'avez mis au cœur cette colère.
Un homme devient ange ou monstre en vous touchant. 1215
Ah ! quand on est haï, que vite on est méchant !
Si vous aviez voulu, peut-être, ô jeune fille,
J'étais grand, j'eusse été le lion de Castille !

Vous m'en faites le tigre avec votre courroux.
Le voilà qui rugit, madame, taisez-vous !   1220

    Doña Sol lui jette un regard.   Il s'incline.
Pourtant, j'obéirai.

       Se tournant vers le duc.

          Mon cousin, je t'estime.
Ton scrupule après tout peut sembler légitime.
Sois fidèle à ton hôte, infidèle à ton roi,
C'est bien, je te fais grâce et suis meilleur que toi.
— J'emmène seulement ta nièce comme otage.   1225

          DON RUY GOMEZ.

Seulement !

        DOÑA SOL, *interdite.*

    Moi, seigneur ?

          DON CARLOS.

          Oui, vous !

          DON RUY GOMEZ.

            Pas davantage !
O la grande clémence ! ô généreux vainqueur,
Qui ménage la tête et torture le cœur !
Belle grâce !

          DON CARLOS.

     Choisis.   Doña Sol ou le traître.
Il me faut l'un des deux.

          DON RUY GOMEZ.

       Ah ! vous êtes le maître !   1230

Don Carlos s'approche de doña Sol pour l'emmener.   Elle se
réfugie vers don Ruy Gomez.

DOÑA SOL.

Sauvez-moi, monseigneur !

Elle s'arrête. — A part.

Malheureuse, il le faut !
La tête de mon oncle ou l'autre ! . . . Moi plutôt !

Au roi.

Je vous suis.

DON CARLOS, *à part.*

Par les saints ! l'idée est triomphante !
Il faudra bien enfin s'adoucir, mon infante !

*Doña Sol va d'un pas grave et assuré au coffret qui renferme
l'écrin, l'ouvre, et y prend le poignard, qu'elle cache dans
son sein.   Don Carlos vient à elle et lui présente la main.*

DON CARLOS, *à doña Sol.*

Qu'emportez-vous là ?

DOÑA SOL.

Rien.

DON CARLOS.

Un joyau précieux ?   1235

DOÑA SOL.

Oui.

DON CARLOS, *souriant.*

Voyons !

DOÑA SOL.

Vous verrez.

*Elle lui donne la main et se dispose à le suivre.   Don Ruy
Gomez, qui est resté immobile et profondément absorbé dans
sa pensée, se retourne et fait quelques pas en criant.*

DON RUY GOMEZ.

Doña Sol ! — terre et cieux !
Doña Sol ! — Puisque l'homme ici n'a point d'entrailles,
A mon aide ! croulez, armures et murailles !

Il court au roi.

Laisse-moi mon enfant ! je n'ai qu'elle, ô mon roi !

DON CARLOS, *lâchant la main de doña Sol.*

Alors, mon prisonnier !

*Le duc baisse la tête et semble en proie à une horrible hésita-
tion ; puis il se relève et regarde les portraits en joignant les
mains vers eux.*

DON RUY GOMEZ.

Ayez pitié de moi,   1240
Vous tous !

*Il fait un pas vers la cachette ; doña Sol le suit des yeux avec
anxiété.   Il se retourne vers les portraits.*

Oh ! voilez-vous ! votre regard m'arrête.

*Il s'avance en chancelant jusqu'à son portrait, puis se retourne
encore vers le roi.*

Tu le veux ?

DON CARLOS.

Oui.

Le duc lève en tremblant la main vers le ressort.

DOÑA SOL.

Dieu !

DON RUY GOMEZ.

Non !

Il se jette aux genoux du roi.

Par pitié, prends ma tête !

7

DON CARLOS.

Ta nièce !

DON RUY GOMEZ, *se relevant.*

Prends-la donc ! et laisse-moi l'honneur !

DON CARLOS, *saisissant la main de doña Sol tremblante.*

Adieu, duc.

DON RUY GOMEZ.

Au revoir !

Il suit de l'œil le roi, qui se retire lentement avec doña Sol ;
puis il met la main sur son poignard.

Dieu vous garde, seigneur !

Il revient sur le devant, haletant, immobile, sans plus rien
voir ni entendre, l'œil fixe, les bras croisés sur sa poitrine,
qui les soulève comme par des mouvements convulsifs.
Cependant le roi sort avec doña Sol, et toute la suite des
seigneurs sort après lui, deux à deux, gravement et chacun
à son rang.   Ils se parlent à voix basse entre eux.

DON RUY GOMEZ, *à part.*

Roi, pendant que tu sors joyeux de ma demeure,   1245
Ma vieille loyauté sort de mon cœur qui pleure.

Il lève les yeux, les promène autour de lui, et voit qu'il est
seul.   Il court à la muraille, détache deux épées d'une pano-
plie, les mesure toutes deux, puis les dépose sur une table.
Cela fait, il va au portrait, pousse le ressort, la porte cachée
se rouvre.

SCÈNE VII

Don Ruy Gomez, Hernani.

DON RUY GOMEZ.

Sors.

Hernani paraît à la porte de la cachette.   Don Ruy lui
montre les deux épées sur la table.

Choisis. — Don Carlos est hors de la maison.
Il s'agit maintenant de me rendre raison.
Choisis. Et faisons vite. — Allons donc ! ta main tremble !

HERNANI.

Un duel ! Nous ne pouvons, vieillard, combattre ensemble. 1250

DON RUY GOMEZ.

Pourquoi donc ? As-tu peur ? N'es-tu point noble ? Enfer !
Noble ou non, pour croiser le fer avec le fer,
Tout homme qui m'outrage est assez gentilhomme !

HERNANI.

Vieillard . . .

DON RUY GOMEZ.

Viens me tuer ou viens mourir, jeune homme.

HERNANI.

Mourir, oui. Vous m'avez sauvé malgré mes vœux.   1255
Donc, ma vie est à vous. Reprenez-la.

DON RUY GOMEZ.

Tu veux ?

Aux portraits.

Vous voyez qu'il le veut.

A Hernani.

C'est bon.   Fais ta prière.

HERNANI.

Oh ! c'est à toi, seigneur, que je fais la dernière.

DON RUY GOMEZ.

Parle à l'autre Seigneur.

HERNANI.

Non, non, à toi !   Vieillard,
Frappe-moi.   Tout m'est bon, dague, épée ou poignard. 1260
Mais fais-moi, par pitié, cette suprême joie !
Duc, avant de mourir, permets que je la voie !

DON RUY GOMEZ.

La voir !

HERNANI.

Au moins permets que j'entende sa voix
Une dernière fois ! rien qu'une seule fois !

DON RUY GOMEZ.

L'entendre !

HERNANI.

Oh ! je comprends, seigneur, ta jalousie.   1265
Mais déjà par la mort ma jeunesse est saisie,
Pardonne-moi.   Veux-tu, dis-moi, que, sans la voir,
S'il le faut, je l'entende ? et je mourrai ce soir.
L'entendre seulement ! contente mon envie !
Mais, oh ! qu'avec douceur j'exhalerais ma vie,   1270

Si tu daignais vouloir qu'avant de fuir aux cieux
Mon âme allât revoir la sienne dans ses yeux !
— Je ne lui dirai rien.   Tu seras là, mon père.
Tu me prendras après.

DON RUY GOMEZ, *montrant la cachette encore ouverte.*

Saints du ciel ! ce repaire

Est-il donc si profond, si sourd et si perdu,   1275
Qu'il n'ait entendu rien ?

HERNANI.

Je n'ai rien entendu.

DON RUY GOMEZ.

Il a fallu livrer doña Sol ou toi-même.

HERNANI.

A qui, livrée ?

DON RUY GOMEZ.

Au roi.

HERNANI.

Vieillard stupide ! il l'aime.

DON RUY GOMEZ.

Il l'aime !

HERNANI.

Il nous l'enlève ! il est notre rival !

DON RUY GOMEZ.

O malédiction ! — Mes vassaux ! A cheval !   1280
A cheval ! poursuivons le ravisseur !

HERNANI.
                              Écoute.
La vengeance au pied sûr fait moins de bruit en route.
Je t'appartiens.   Tu peux me tuer.   Mais veux-tu
M'employer à venger ta nièce et sa vertu?
Ma part dans ta vengeance ! oh ! fais-moi cette grâce,   1285
Et, s'il faut embrasser tes pieds, je les embrasse !
Suivons le roi tous deux.   Viens, je serai ton bras,
Je te vengerai, duc.   Après, tu me tueras.

DON RUY GOMEZ.

Alors, comme aujourd'hui, te laisseras-tu faire?

HERNANI.

Oui, duc.

DON RUY GOMEZ.

        Qu'en jures-tu?

HERNANI.

                    La tête de mon père.   1290

DON RUY GOMEZ.

Voudras-tu de toi-même un jour t'en souvenir?

HERNANI, *lui présentant le cor qu'il détache de sa ceinture.*
Écoute.   Prends ce cor. — Quoi qu'il puisse advenir,
Quand tu voudras, seigneur, quel que soit le lieu, l'heure,
S'il te passe à l'esprit qu'il est temps que je meure,
Viens, sonne de ce cor, et ne prends d'autres soins.   1295
Tout sera fait.

DON RUY GOMEZ, *lui tendant la main.*
            Ta main.

Ils se serrent la main. — Aux portraits.
                    Vous tous, soyez témoins !

ACTE QUATRIÈME

LE TOMBEAU

AIX-LA-CHAPELLE

Les caveaux qui renferment le tombeau de Charlemagne à Aix-la-Chapelle. De grandes voûtes d'architecture lombarde. Gros piliers bas, pleins cintres, chapiteaux d'oiseaux et de fleurs. — A droite, le tombeau de Charlemagne, avec une petite porte de bronze, basse et cintrée. Une seule lampe suspendue à une clef de voûte en éclaire l'inscription : KAROLVS MAGNVS. — Il est nuit. On ne voit pas le fond du souterrain ; l'œil se perd dans les arcades, les escaliers et les piliers qui s'entrecroisent dans l'ombre.

SCÈNE PREMIÈRE

Don Carlos, Don Ricardo de Roxas, comte de Casa-Palma, *une lanterne à la main. Grands manteaux, chapeaux rabattus.*

DON RICARDO, *son chapeau à la main.*

C'est ici.

DON CARLOS.

C'est ici que la ligue s'assemble !
Que je vais dans ma main les tenir tous ensemble !
Ah ! monsieur l'électeur de Trèves, c'est ici !
Vous leur prêtez ce lieu ! Certe, il est bien choisi !
Un noir complot prospère à l'air des catacombes.
Il est bon d'aiguiser les stylets sur des tombes.

Pourtant c'est jouer gros.   La tête est de l'enjeu,
Messieurs les assassins ! et nous verrons. — Pardieu !
Ils font bien de choisir pour une telle affaire   1305
Un sépulcre, — ils auront moins de chemin à faire.

    A don Ricardo.

Ces caveaux sous le sol s'étendent-ils bien loin?

DON RICARDO.

Jusques au château fort.

DON CARLOS.

        C'est plus qu'il n'est besoin

DON RICARDO.

D'autres, de ce côté, vont jusqu'au monastère
D'Altenheim . . .

DON CARLOS.

    Où Rodolphe extermina Lothaire.   1310
Bien. — Une fois encor, comte, redites-moi
Les noms et les griefs, où, comment, et pourquoi.

DON RICARDO.

Gotha.

DON CARLOS.

    Je sais pourquoi le brave duc conspire.
Il veut un allemand d'Allemagne à l'Empire.

DON RICARDO.

Hohenbourg.

DON CARLOS.

    Hohenbourg aimerait mieux, je croi,   1315
L'enfer avec François que le ciel avec moi.

DON RICARDO.

Don Gil Tellez Giron.

DON CARLOS.

Castille et Notre-Dame !
Il se révolte donc contre son roi, l'infâme !

DON RICARDO.

On dit qu'il vous trouva chez madame Giron
Un soir que vous veniez de le faire baron.   1320
Il veut venger l'honneur de sa tendre compagne.

DON CARLOS.

C'est donc qu'il se révolte alors contre l'Espagne.
— Qui nomme-t-on encore ?

DON RICARDO.

On cite avec ceux-là
Le révérend Vasquez, évêque d'Avila.

DON CARLOS.

Est-ce aussi pour venger la vertu de sa femme ?   1325

DON RICARDO.

Puis Guzman de Lara, mécontent, qui réclame
Le collier de votre ordre.

DON CARLOS.

Ah ! Guzman de Lara !
Si ce n'est qu'un collier qu'il lui faut, il l'aura.

DON RICARDO.

Le duc de Lutzelbourg.   Quant aux plans qu'on lui prête. . .

DON CARLOS.

Le duc de Lutzelbourg est trop grand de la tête.   1330

DON RICARDO.

Juan de Haro, qui veut Astorga.

DON CARLOS.

                              Ces Haro
Ont toujours fait doubler la solde du bourreau.

DON RICARDO.

C'est tout.

DON CARLOS.

             Ce ne sont pas toutes mes têtes.   Comte,
Cela ne fait que sept, et je n'ai pas mon compte.

DON RICARDO.

Ah ! je ne nomme pas quelques bandits, gagés   1335
Par Trève ou par la France . . .

DON CARLOS.

                              Hommes sans préjugés
Dont le poignard, toujours prêt à jouer son rôle,
Tourne aux plus gros écus, comme l'aiguille au pôle !

DON RICARDO.

Pourtant j'ai distingué deux hardis compagnons,
Tous deux nouveaux venus.   Un jeune, un vieux.

DON CARLOS.

                              Leurs noms ? 1340

   Don Ricardo lève les épaules en signe d'ignorance.
Leur âge ?

DON RICARDO.

Le plus jeune a vingt ans.

DON CARLOS.

C'est dommage.

DON RICARDO.

Le vieux, soixante au moins.

DON CARLOS.

L'un n'a pas encor l'âge,
Et l'autre ne l'a plus.   Tant pis.   J'en prendrai soin.
Le bourreau peut compter sur mon aide au besoin.
Ah ! loin que mon épée aux factions soit douce,   1345
Je la lui prêterai si sa hache s'émousse,
Comte, et pour l'élargir, je coudrai, s'il le faut,
Ma pourpre impériale au drap de l'échafaud.
— Mais serai-je empereur seulement ?

DON RICARDO.

Le collége,
A cette heure assemblé, délibère.

DON CARLOS.

Que sais-je ?   1350
Ils nommeront François premier, ou leur Saxon,
Leur Frédéric le Sage ! — Ah ! Luther a raison,
Tout va mal ! — Beaux faiseurs de majestés sacrées !
N'acceptant pour raisons que les raisons dorées !
Un Saxon hérétique ! un comte palatin   1355
Imbécile ! un primat de Trèves libertin !
— Quant au roi de Bohême, il est pour moi. — Des princes
De Hesse, plus petits encor que leurs provinces !

De jeunes idiots ! des vieillards débauchés !
Des couronnes, fort bien ! mais des têtes ? cherchez !   1360
Des nains ! que je pourrais, concile ridicule,
Dans ma peau de lion emporter comme Hercule !
Et qui, démaillotés du manteau violet,
Auraient la tête encor de moins que Triboulet !
— Il me manque trois voix, Ricardo ! tout me manque !   1365
Oh ! je donnerais Gand, Tolède et Salamanque,
Mon ami Ricardo, trois villes à leur choix,
Pour trois voix, s'ils voulaient ! Vois-tu, pour ces trois voix,
Oui, trois de mes cités de Castille ou de Flandre,
Je les donnerais ! — sauf, plus tard, à les reprendre !   1370

*Don Ricardo salue profondément le roi, et met son chapeau sur
sa tête.*

— Vous vous couvrez ?

                              DON RICARDO.

                    Seigneur, vous m'avez tutoyé,

       Saluant de nouveau.

Me voilà grand d'Espagne.

                              DON CARLOS, *à part.*

                         Ah ! tu me fais pitié,
Ambitieux de rien ! — Engeance intéressée !
Comme à travers la nôtre ils suivent leur pensée !
Basse-cour où le roi, mendié sans pudeur,   1375
A tous ces affamés émiette la grandeur !

       Rêvant.

Dieu seul et l'empereur sont grands ! — et le saint-père !
Le reste, rois et ducs ! qu'est cela ?

DON RICARDO.

Moi, j'espère

Qu'ils prendront votre altesse.

DON CARLOS, *à part.*

Altesse ! Altesse, moi !

J'ai du malheur en tout. — S'il fallait rester roi !   1380

DON RICARDO, *à part.*

Baste ! empereur ou non, me voilà grand d'Espagne.

DON CARLOS.

Sitôt qu'ils auront fait l'empereur d'Allemagne,
Quel signal à la ville annoncera son nom ?

DON RICARDO.

Si c'est le duc de Saxe, un seul coup de canon.
Deux, si c'est le français.   Trois, si c'est votre altesse.   1385

DON CARLOS.

Et cette doña Sol !   Tout m'irrite et me blesse !
Comte, si je suis fait empereur, par hasard,
Cours la chercher.   Peut-être on voudra d'un césar !

DON RICARDO, *souriant.*

Votre altesse est bien bonne !

DON CARLOS, *l'interrompant avec hauteur.*

Ah ! là-dessus, silence !

Je n'ai point dit encor ce que je veux qu'on pense.   1390
— Quand saura-t-on le nom de l'élu ?

DON RICARDO.

Mais, je crois,

Dans une heure au plus tard.

DON CARLOS.

> Oh ! trois voix ! rien que trois !
— Mais écrasons d'abord ce ramas qui conspire,
Et nous verrons après à qui sera l'empire.

Il compte sur ses doigts et frappe du pied.

Toujours trois voix de moins ! Ah ! ce sont eux qui l'ont ! 1395
— Ce Corneille Agrippa pourtant en sait bien long !
Dans l'océan céleste il a vu treize étoiles
Vers la mienne du nord venir à pleines voiles.
J'aurai l'empire, allons ! — Mais d'autre part on dit
Que l'abbé Jean Trithème à François l'a prédit. 1400
— J'aurais dû, pour mieux voir ma fortune éclaircie,
Avec quelque armement aider la prophétie !
Toutes prédictions du sorcier le plus fin,
Viennent bien mieux à terme et font meilleure fin
Quand une bonne armée, avec canons et piques, 1405
Gens de pied, de cheval, fanfares et musiques,
Prête à montrer la route au sort qui veut broncher,
Leur sert de sage-femme et les fait accoucher.
Lequel vaut mieux, Corneille Agrippa ? Jean Trithème ?
Celui dont une armée explique le système, 1410
Qui met un fer de lance au bout de ce qu'il dit,
Et compte maint soudard, lansquenet ou bandit,
Dont l'estoc, refaisant la fortune imparfaite,
Taille l'événement au plaisir du prophète.
— Pauvres fous ! qui, l'œil fier, le front haut, visent droit 1415
A l'empire du monde et disent : J'ai mon droit !
Ils ont force canons, rangés en longues files,
Dont le souffle embrasé ferait fondre des villes,
Ils ont vaisseaux, soldats, chevaux, et vous croyez
Qu'ils vont marcher au but sur les peuples broyés... 1420

Baste ! au grand carrefour de la fortune humaine,
Qui mieux encor qu'au trône à l'abîme nous mène,
A peine ils font trois pas, qu'indécis, incertains,
Tâchant en vain de lire au livre des destins,
Ils hésitent, peu sûrs d'eux-même, et dans le doute   1425
Au nécromant du coin vont demander leur route !

> *A don Ricardo.*

— Va-t'en.   C'est l'heure où vont venir les conjurés.
Ah ! la clef du tombeau ?

> DON RICARDO, *remettant une clef au roi.*

                                Seigneur, vous songerez
Au comte de Limbourg, gardien capitulaire,
Qui me l'a confiée et fait tout pour vous plaire.   1430

> DON CARLOS, *le congédiant.*

Fais tout ce que j'ai dit ! tout !

> DON RICARDO, *s'inclinant.*

                                J'y vais de ce pas,

Altesse !

> DON CARLOS.

Il faut trois coups de canon, n'est-ce pas ?

> *Don Ricardo s'incline et sort.*

*Don Carlos, resté seul, tombe dans une profonde rêverie.   Ses
bras se croisent, sa tête fléchit sur sa poitrine; puis il se
relève et se tourne vers le tombeau.*

SCENE II

Don Carlos, *seul.*

Charlemagne, pardon ! ces voûtes solitaires
Ne devraient répéter que paroles austères.
Tu t'indignes sans doute à ce bourdonnement   1435
Que nos ambitions font sur ton monument.
—Charlemagne est ici !   Comment, sépulcre sombre,
Peux-tu sans éclater contenir si grande ombre ?
Es-tu bien-là, géant d'un monde créateur,
Et t'y peux-tu coucher de toute ta hauteur ?   1440
—Ah ! c'est un beau spectacle à ravir la pensée
Que l'Europe ainsi faite et comme il l'a laissée !
Un édifice, avec deux hommes au sommet,
Deux chefs élus auxquels tout roi né se soumet.
Presque tous les états, duchés, fiefs militaires,   1445
Royaumes, marquisats, tous sont héréditaires ;
Mais le peuple a parfois son pape ou son césar,
Tout marche, et le hasard corrige le hasard.
De là vient l'équilibre, et toujours l'ordre éclate.
Électeurs de drap d'or, cardinaux d'écarlate,   1450
Double sénat sacré dont la terre s'émeut,
Ne sont là qu'en parade, et Dieu veut ce qu'il veut.
Qu'une idée, au besoin des temps, un jour éclose,
Elle grandit, va, court, se mêle à toute chose,
Se fait homme, saisit les cœurs, creuse un sillon ;   1455
Maint roi la foule aux pieds ou lui met un bâillon ;
Mais qu'elle entre un matin à la diète, au conclave,
Et tous les rois soudain verront l'idée esclave,
Sur leurs têtes de rois que ses pieds courberont,
Surgir, le globe en main ou la tiare au front.   1460

Le pape et l'empereur sont tout.   Rien n'est sur terre
Que pour eux et par eux.   Un suprême mystère
Vit en eux, et le ciel, dont ils ont tous les droits,
Leur fait un grand festin des peuples et des rois,
Et les tient sous sa nue, où son tonnerre gronde,   1465
Seuls, assis à la table où Dieu leur sert le monde.
Tête à tête ils sont là, réglant et retranchant,
Arrangeant l'univers comme un faucheur son champ.
Tout se passe entre eux deux.   Les rois sont à la porte,
Respirant la vapeur des mets que l'on apporte,   1470
Regardant à la vitre, attentifs, ennuyés,
Et se haussant, pour voir, sur la pointe des pieds.
Le monde au-dessous d'eux s'échelonne et se groupe.
Ils font et défont.   L'un délie et l'autre coupe.
L'un est la vérité, l'autre est la force.   Ils ont   1475
Leur raison en eux-même, et sont parce qu'ils sont.
Quand ils sortent, tous deux égaux, du sanctuaire,
L'un dans sa pourpre, et l'autre avec son blanc suaire,
L'univers ébloui contemple avec terreur
Ces deux moitiés de Dieu, le pape et l'empereur.   1480
—L'empereur ! l'empereur ! être empereur !—O rage,
Ne pas l'être ! et sentir son cœur plein de courage !—
Qu'il fut heureux celui qui dort dans ce tombeau !
Qu'il fut grand ! De son temps c'était encor plus beau.
Le pape et l'empereur ! ce n'était plus deux hommes.   1485
Pierre et César ! en eux accouplant les deux Romes,
Fécondant l'une et l'autre en un mystique hymen,
Redonnant une forme, une âme au genre humain,
Faisant refondre en bloc peuples et pêle-mêle
Royaumes, pour en faire une Europe nouvelle,   1490
Et tous deux remettant au moule de leur main
Le bronze qui restait du vieux monde romain !

8

Oh ! quel destin ! — Pourtant cette tombe est la sienne !
Tout est-il donc si peu que ce soit là qu'on vienne ?
Quoi donc ! avoir été prince, empereur et roi !   1495
Avoir été l'épée, avoir été la loi !
Géant, pour piédestal avoir eu l'Allemagne !
Quoi ! pour titre césar et pour nom Charlemagne !
Avoir été plus grand qu'Annibal, qu'Attila,
Aussi grand que le monde ! . . . et que tout tienne là !   1500
Ah ! briguez donc l'empire, et voyez la poussière
Que fait un empereur !   Couvrez la terre entière
De bruit et de tumulte ; élevez, bâtissez
Votre empire, et jamais ne dites : C'est assez !
Taillez à larges pans un édifice immense !   1505
Savez-vous ce qu'un jour il en reste ?   ô démence !
Cette pierre !   Et du titre et du nom triomphants ?
Quelques lettres à faire épeler des enfants !
Si haut que soit le but où votre orgueil aspire,
Voilà le dernier terme ! . . . — Oh ! l'empire ! l'empire ! 1510
Que m'importe ! j'y touche, et le trouve à mon gré.
Quelque chose me dit : Tu l'auras ! — Je l'aurai. —
Si je l'avais ! . . . — O ciel ! être ce qui commence !
Seul, debout, au plus haut de la spirale immense !
D'une foule d'états l'un sur l'autre étagés   1515
Être la clef de voûte, et voir sous soi rangés
Les rois, et sur leur tête essuyer ses sandales ;
Voir au-dessous des rois les maisons féodales,
Margraves, cardinaux, doges, ducs à fleurons ;
Puis évêques, abbés, chefs de clans, hauts barons ;   1520
Puis clercs et soldats ; puis, loin du faîte où nous sommes,
Dans l'ombre, tout au fond de l'abîme, — les hommes.
— Les hommes ! c'est-à-dire une foule, une mer,
Un grand bruit, pleurs et cris, parfois un rire amer,

Plainte qui, réveillant la terre qui s'effare,   1525
A travers tant d'échos nous arrive fanfare !
Les hommes ! — Des cités, des tours, un vaste essaim,
De hauts clochers d'église à sonner le tocsin ! —

    Rêvant.

Base de nations portant sur leurs épaules
La pyramide énorme appuyée aux deux pôles,   1530
Flots vivants, qui toujours l'étreignant de leurs plis,
La balancent, branlante, à leur vaste roulis,
Font tout changer de place et, sur ses hautes zones,
Comme des escabeaux font chanceler les trônes,
Si bien que tous les rois, cessant leurs vains débats,   1535
Lèvent les yeux au ciel. . . . Rois ! regardez en bas !
Ah ! le peuple ! — océan ! — onde sans cesse émue !
Où l'on ne jette rien sans que tout ne remue !
Vague qui broie un trône et qui berce un tombeau !
Miroir où rarement un roi se voit en beau !   1540
Ah ! si l'on regardait parfois dans ce flot sombre,
On y verrait au fond des empires sans nombre,
Grands vaisseaux naufragés, que son flux et reflux
Roule, et qui le gênaient, et qu'il ne connaît plus !
— Gouverner tout cela ! — Monter, si l'on vous nomme,   1545
A ce faîte !   Y monter, sachant qu'on n'est qu'un homme !
Avoir l'abîme là ! . . . — Pourvu qu'en ce moment
Il n'aille pas me prendre un éblouissement !
Oh ! d'états et de rois mouvante pyramide,
Ton faîte est bien étroit !   Malheur au pied timide !   1550
A qui me retiendrais-je ?   Oh ! si j'allais faillir
En sentant sous mes pieds le monde tressaillir !
En sentant vivre, sourdre et palpiter la terre !
— Puis, quand j'aurai ce globe entre mes mains, qu'en faire !

Le pourrai-je porter seulement ?   Qu'ai-je en moi ?   1555
Être empereur, mon Dieu ! j'avais trop d'être roi !
Certe, il n'est qu'un mortel de race peu commune
Dont puisse s'élargir l'âme avec la fortune.
Mais, moi ! qui me fera grand ? qui sera ma loi ?
Qui me conseillera ?

        Il tombe à deux genoux devant le tombeau.

              Charlemagne ! c'est toi !   1560
Ah ! puisque Dieu, pour qui tout obstacle s'efface,
Prend nos deux majestés et les met face à face,
Verse-moi dans le cœur, du fond de ce tombeau,
Quelque chose de grand, de sublime et de beau !
Oh ! par tous ses côtés fais-moi voir toute chose.   1565
Montre-moi que le monde est petit, car je n'ose
Y toucher.   Montre-moi que sur cette Babel
Qui du pâtre à César va montant jusqu'au ciel,
Chacun en son degré se complaît et s'admire,
Voit l'autre par-dessous et se retient d'en rire.   1570
Apprends-moi tes secrets de vaincre et de régner,
Et dis-moi qu'il vaut mieux punir que pardonner !
— N'est-ce pas ? — S'il est vrai qu'en son lit solitaire
Parfois une grande ombre au bruit que fait la terre
S'éveille, et que soudain son tombeau large et clair   1575
S'entr'ouvre, et dans la nuit jette au monde un éclair,
Si cette chose est vraie, empereur d'Allemagne,
Oh ! dis-moi ce qu'on peut faire après Charlemagne !
Parle ! dût en parlant ton souffle souverain
Me briser sur le front cette porte d'airain !   1580
Ou plutôt, laisse-moi seul dans ton sanctuaire
Entrer, laisse-moi voir ta face mortuaire,
Ne me repousse pas d'un souffle d'aquilons,
Sur ton chevet de pierre accoude-toi.   Parlons.

Oui, dusses-tu me dire, avec ta voix fatale,   1585
De ces choses qui font l'œil sombre et le front pâle !
Parle, et n'aveugle pas ton fils épouvanté,
Car ta tombe sans doute est pleine de clarté !
Ou, si tu ne dis rien, laisse en ta paix profonde
Carlos étudier ta tête comme un monde ;   1590
Laisse qu'il te mesure à loisir, ô géant.
Car rien n'est ici-bas si grand que ton néant !
Que la cendre, à défaut de l'ombre, me conseille !

> *Il approche la clef de la serrure.*

Entrons.

> *Il recule.*

                Dieu ! s'il allait me parler à l'oreille !
S'il était là, debout et marchant à pas lents !   1595
Si j'allais ressortir avec des cheveux blancs !
Entrons toujours !

> *Bruit de pas.*

                On vient ! Qui donc ose à cette heure,
Hors moi, d'un pareil mort éveiller la demeure ?
Qui donc ?

> *Le bruit se rapproche.*

                Ah ! j'oubliais ! ce sont mes assassins.
Entrons !

> *Il ouvre la porte du tombeau, qu'il referme sur lui. — Entrent
> plusieurs hommes, marchant à pas sourds, cachés sous leurs
> manteaux et leurs chapeaux.*

SCENE III

Les Conjurés.

Ils vont les uns aux autres, en se prenant la main et en échangeant quelques paroles à voix basse.

PREMIER CONJURÉ, *portant seul une torche allumée.*

Ad augusta.

DEUXIÈME CONJURÉ.

Per angusta.

PREMIER CONJURÉ.

Les saints   1600

Nous protégent.

TROISIÈME CONJURÉ.

Les morts nous servent.

PREMIER CONJURÉ.

Dieu nous garde

Bruit de pas dans l'ombre.

DEUXIÈME CONJURÉ.

Qui vive? who goes there?

VOIX DANS L'OMBRE.

Ad augusta.

DEUXIÈME CONJURÉ.

Per angusta.

Entrent de nouveaux conjurés. — Bruit de pas.

PREMIER CONJURÉ, *au troisième.*

> Regarde ;

Il vient encor quelqu'un.

TROISIÈME CONJURÉ.

> Qui vive ?

VOIX DANS L'OMBRE.

> *Ad augusta.*

TROISIÈME CONJURÉ.

Per angusta.

Entrent de nouveaux conjurés, qui échangent des signes de mains avec tous les autres.

PREMIER CONJURÉ.

> C'est bien, nous voilà tous. — Gotha,

Fais le rapport. — Amis, l'ombre attend la lumière.   1605

Tous les conjurés s'asseyent en demi-cercle sur des tombeaux. Le premier conjuré passe tour à tour devant tous, et chacun allume à sa torche une cire qu'il tient à la main. Puis le premier conjuré va s'asseoir en silence sur une tombe au centre du cercle et plus haute que les autres.

LE DUC DE GOTHA, *se levant.*

Amis, Charles d'Espagne, étranger par sa mère,
Prétend au saint-empire.

PREMIER CONJURÉ.

> Il aura le tombeau.

LE DUC DE GOTHA.

Il jette sa torche à terre et l'écrase du pied.

Qu'il en soit de son front comme de ce flambeau !

TOUS.

Que ce soit !

PREMIER CONJURÉ.

Mort à lui !

LE DUC DE GOTHA.

Qu'il meure !

TOUS.

Qu'on l'immole !

DON JUAN DE HARO.

Son père est allemand.

LE DUC DE LUTZELBOURG.

Sa mère est espagnole.   1610

LE DUC DE GOTHA.

Il n'est plus espagnol et n'est pas allemand.
Mort !

UN CONJURÉ.

Si les électeurs allaient en ce moment
Le nommer empereur ?

PREMIER CONJURÉ.

Eux ! lui ! jamais !

DON GIL TELLEZ GIRON.

Qu'importe ?
Amis ! frappons la tête et la couronne est morte !

PREMIER CONJURÉ.

S'il a le saint-empire, il devient, quel qu'il soit,   1615
Très auguste, et Dieu seul peut le toucher du doigt.

LE DUC DE GOTHA.

Le plus sûr, c'est qu'avant d'être auguste il expire.

PREMIER CONJURÉ.

On ne l'élira point !

TOUS.

Il n'aura pas l'empire !

PREMIER CONJURÉ.

Combien faut-il de bras pour le mettre au linceul ? *shroud*

TOUS.

Un seul.

PREMIER CONJURÉ.

Combien faut-il de coups au cœur ?

TOUS.

Un seul. 1620

PREMIER CONJURÉ.

Qui frappera ?

TOUS.

Nous tous.

→ PREMIER CONJURÉ.

La victime est un traître.
Ils font un empereur ; nous, faisons un grand prêtre.
Tirons au sort.

*Tous les conjurés écrivent leurs noms sur leurs tablettes, dé-
chirent la feuille, la roulent, et vont l'un après l'autre la
jeter dans l'urne d'un tombeau. — Puis le premier conjuré dit :*

Prions.

Tous s'agenouillent.   Le premier conjuré se lève et dit :

Que l'élu croie en Dieu,
Frappe comme un romain, meure comme un hébreu !
Il faut qu'il brave roue et tenailles mordantes,   1625
Qu'il chante aux chevalets, rie aux lampes ardentes,
Enfin que pour tuer et mourir, résigné,
Il fasse tout !

Il tire un des parchemins de l'urne.

TOUS.

Quel nom ?

PREMIER CONJURÉ, *à haute voix.*

Hernani.

HERNANI, *sortant de la foule des conjurés.*

J'ai gagné !
— Je te tiens, toi que j'ai si longtemps poursuivie,
Vengeance !

DON RUY GOMEZ, *perçant la foule et prenant Hernani*
à part.

Oh ! cède-moi ce coup !

HERNANI.

Non, sur ma vie !   1630
Oh ! ne m'enviez pas ma fortune, seigneur !
C'est la première fois qu'il m'arrive bonheur.

DON RUY GOMEZ.

Tu n'as rien.   Eh bien, tout, fiefs, châteaux, vasselages,
Cent mille paysans dans mes trois cents villages,
Pour ce coup à frapper je te les donne, ami !   1635

HERNANI.

Non !

LE DUC DE GOTHA.

Ton bras porterait un coup moins affermi,
Vieillard !

DON RUY GOMEZ.

Arrière, vous ! sinon le bras, j'ai l'âme.
Aux rouilles du fourreau ne jugez point la lame.

A Hernani.

Tu m'appartiens !

HERNANI.

Ma vie à vous ! la sienne à moi.

DON RUY GOMEZ, *tirant le cor de sa ceinture.*

Eh bien, écoute, ami. Je te rends ce cor.

HERNANI, *ébranlé.*

Quoi !   1640

La vie ?— Eh ! que m'importe ? Ah ! je tiens ma vengeance !
Avec Dieu dans ceci je suis d'intelligence.
J'ai mon père à venger . . . peut-être plus encor !
— Elle, me la rends-tu ?

DON RUY GOMEZ.

Jamais !   Je rends ce cor.

HERNANI.

Non !

DON RUY GOMEZ.

Réfléchis, enfant !

HERNANI.

Duc ! laisse-moi ma proie.   1645

DON RUY GOMEZ.

Eh bien ! maudit sois-tu de m'ôter cette joie !

Il remet le cor à sa ceinture.

PREMIER CONJURÉ, *à Hernani.*

Frère ! avant qu'on ait pu l'élire, il serait bien
D'attendre dès ce soir Carlos . . .

HERNANI.

Ne craignez rien !
Je sais comment on pousse un homme dans la tombe.

PREMIER CONJURÉ.

Que toute trahison sur le traître retombe,   1650
Et Dieu soit avec vous ! — Nous, comtes et barons,
S'il périt sans tuer, continuons ! Jurons
De frapper tour à tour et sans nous y soustraire
Carlos qui doit mourir.

TOUS, *tirant leurs épées.*

Jurons !

LE DUC DE GOTHA, *au premier conjuré.*

Sur quoi, mon frère ?

DON RUY GOMEZ *retourne son épée, la prend par la pointe et
l'élève au-dessus de sa tête.*

Jurons sur cette croix !

TOUS, *élevant leurs épées.*

Qu'il meure impénitent !   1655

*On entend un coup de canon éloigné.   Tous s'arrêtent en
silence.— La porte du tombeau s'entr'ouvre.   Don Carlos
paraît sur le seuil.   Pâle, il écoute. — Un second coup. —
Un troisième coup. — Il ouvre tout à fait la porte du tombeau, mais sans faire un pas, debout et immobile sur le seuil.*

SCÈNE IV

Les Conjurés, Don Carlos ; *puis* Don Ricardo, seigneurs,
  gardes ; Le Roi de Bohême, le Duc de Bavière ; *puis*
  Doña Sol.

DON CARLOS.

Messieurs, allez plus loin ! l'empereur vous entend.

*Tous les flambeaux s'éteignent à la fois. — Profond silence. —
Il fait un pas dans les ténèbres, si épaisses qu'on y distingue
à peine les conjurés muets et immobiles.*

Silence et nuit ! l'essaim en sort et s'y replonge.
Croyez-vous que ceci va passer comme un songe,
Et que je vous prendrai, n'ayant plus vos flambeaux,
Pour des hommes de pierre assis sur leurs tombeaux ?   1660
Vous parliez tout à l'heure assez haut, mes statues !
Allons ! relevez donc vos têtes abattues,
Car voici Charles-Quint !   Frappez, faites un pas !
Voyons, oserez-vous ? — Non, vous n'oserez pas.
Vos torches flamboyaient sanglantes sous ces voûtes.   1665
Mon souffle a donc suffi pour les éteindre toutes !
Mais voyez, et tournez vos yeux irrésolus,
Si j'en éteins beaucoup, j'en allume encore plus.

*Il frappe de la clef de fer sur la porte de bronze du tombeau.
A ce bruit, toutes les profondeurs du souterrain se remplis-
sent de soldats portant des torches et des pertuisanes. A
leur tête, le duc d'Alcala, le marquis d'Almuñan.*

Accourez, mes faucons, j'ai le nid, j'ai la proie !

> *Aux conjurés.*

J'illumine à mon tour.   Le sépulcre flamboie,   1670
Regardez !

> *Aux soldats.*

> Venez tous, car le crime est flagrant.

> HERNANI, *regardant les soldats.*

A la bonne heure !   Seul il me semblait trop grand.
C'est bien.   J'ai cru d'abord que c'était Charlemagne.
Ce n'est que Charles-Quint.

> DON CARLOS, *au duc d'Alcala.*

> > Connétable d'Espagne !

> *Au marquis d'Almuñan.*

Amiral de Castille, ici ! — Désarmez-les.   1675

> *On entoure les conjurés et on les désarme.*

> DON RICARDO, *accourant et s'inclinant jusqu'à terre.*

Majesté !

> DON CARLOS.

> Je te fais alcade du palais.

> DON RICARDO, *s'inclinant de nouveau.*

Deux électeurs, au nom de la chambre dorée,
Viennent complimenter la majesté sacrée.

DON CARLOS.

Qu'ils entrent.

>   *Bas à Ricardo.*

>   Doña Sol.

Ricardo salue et sort.   Entrent, avec flambeaux et fanfares,
le roi de Bohême et le duc de Bavière, tout en drap d'or,
couronnes en tête. — Nombreux cortége de seigneurs alle-
mands, portant la bannière de l'empire, l'aigle à deux
têtes, avec l'écusson d'Espagne au milieu. — Les soldats
s'écartent, se rangent en haie, et font passage aux deux
électeurs, jusqu'à l'empereur, qu'ils saluent profondément,
et qui leur rend leur salut en soulevant son chapeau.

LE DUC DE BAVIÈRE.

                    Charles ! roi des romains,
Majesté très sacrée, empereur ! dans vos mains   1680
Le monde est maintenant, car vous avez l'empire.
Il est à vous, ce trône où tout monarque aspire !
Frédéric, duc de Saxe, y fut d'abord élu,
Mais, vous jugeant plus digne, il n'en a pas voulu.
Venez donc recevoir la couronne et le globe.   1685
Le saint-empire, ô roi, vous revêt de la robe,
Il vous arme du glaive, et vous êtes très grand.

DON CARLOS.

J'irai remercier le collége en rentrant.
Allez, messieurs.   Merci, mon frère de Bohême,
Mon cousin de Bavière.   Allez.   J'irai moi-même.   1690

LE ROI DE BOHÊME.

Charles, du nom d'amis nos aïeux se nommaient,
Mon père aimait ton père, et leurs pères s'aimaient.

Charles, si jeune en butte aux fortunes contraires,
Dis, veux-tu que je sois ton frère entre tes frères ?
Je t'ai vu tout enfant, et ne puis oublier . . .   1695

DON CARLOS, *l'interrompant.*

Roi de Bohême ! eh bien, vous êtes familier !

*Il lui présente sa main à baiser, ainsi qu'au duc de Bavière,
puis congédie les deux électeurs, qui le saluent profondément.*

Allez !

Sortent les deux électeurs avec leur cortége.

LA FOULE.

Vivat !

DON CARLOS, *à part.*

J'y suis ! et tout m'a fait passage !
Empereur ! au refus de Frédéric le Sage !

Entre doña Sol conduite par Ricardo.

DOÑA SOL.

Des soldats ! l'empereur ! O ciel ! coup imprévu !
Hernani !

HERNANI.

Doña Sol !

DON RUY GOMEZ, *à côté d'Hernani, à part.*

Elle ne m'a point vu !   1700

*Doña Sol court à Hernani. Il la fait reculer d'un regard
de défiance.*

HERNANI.

Madame ! . . .

DOÑA SOL, *tirant le poignard de son sein.*

J'ai toujours son poignard !

HERNANI, *lui tendant les bras.*

Mon amie !

DON CARLOS.

Silence, tous !

Aux conjurés.

Votre âme est-elle raffermie ?

Il convient que je donne au monde une leçon.
Lara le castillan et Gotha le saxon,
Vous tous ! que venait-on faire ici ? parlez.

HERNANI, *faisant un pas.*

Sire,   1705
La chose est toute simple, et l'on peut vous la dire.
Nous gravions la sentence au mur de Balthazar.

Il tire un poignard et l'agite.

Nous rendions à César ce qu'on doit à César.

DON CARLOS.

Paix !

A don Ruy Gomez.

Vous traître, Silva !

DON RUY GOMEZ.

Lequel de nous deux, sire ?

HERNANI, *se retournant vers les conjurés.*

Nos têtes et l'empire ! il a ce qu'il désire.   1710

A l'empereur.

9

Le manteau bleu des rois pouvait gêner vos pas.
La pourpre vous va mieux.   Le sang n'y paraît pas.

DON CARLOS, *à don Ruy Gomez.*

Mon cousin de Silva, c'est une félonie
A faire du blason rayer ta baronie !
C'est haute trahison, don Ruy, songez-y bien.   1715

DON RUY GOMEZ.

Les rois Rodrigue font les comtes Julien.

DON CARLOS, *au duc d'Alcala.*

Ne prenez que ce qui peut être duc ou comte.
Le reste . . .

*Don Ruy Gomez, le duc de Lutzelbourg, le duc de Gotha, don
Juan de Haro, don Guzman de Lara, don Tellez Giron,
le baron de Hohenbourg, se séparent du groupe des conjurés,
parmi lesquels est resté Hernani. — Le duc d'Alcala les entoure étroitement de gardes.*

DOÑA SOL, *à part.*

Il est sauvé !

HERNANI, *sortant du groupe des conjurés.*

Je prétends qu'on me compte !

A don Carlos.

Puisqu'il s'agit de hache ici, que Hernani,
Pâtre obscur, sous tes pieds passerait impuni,   1720
Puisque son front n'est plus au niveau de ton glaive,
Puisqu'il faut être grand pour mourir, je me lève.
Dieu qui donne le sceptre et qui te le donna
M'a fait duc de Segorbe et duc de Cardona,

Marquis de Monroy, comte Albatera, vicomte   1725
De Gor, seigneur de lieux dont j'ignore le compte.
Je suis Jean d'Aragon, grand maître d'Avis, né
Dans l'exil, fils proscrit d'un père assassiné
Par sentence du tien, roi Carlos de Castille !
Le meurtre est entre nous affaire de famille.   1730
Vous avez l'échafaud, nous avons le poignard.
Donc, le ciel m'a fait duc, et l'exil montagnard.
Mais puisque j'ai sans fruit aiguisé mon épée
Sur les monts et dans l'eau des torrents retrempée,

Il met son chapeau.

  Aux autres conjurés.

Couvrons-nous, grands d'Espagne !

    Tous les espagnols se couvrent.

      A don Carlos.

      Oui, nos têtes, ô roi, 1735
Ont le droit de tomber couvertes devant toi !

  Aux prisonniers.

— Silva, Haro, Lara, gens de titre et de race,
Place à Jean d'Aragon ! ducs et comtes, ma place !

  Aux courtisans et aux gardes.

Je suis Jean d'Aragon, roi, bourreaux et valets !
Et si vos échafauds sont petits, changez-les !   1740

Il vient se joindre au groupe des seigneurs prisonniers.

     DOÑA SOL.

Ciel !

     DON CARLOS.

  En effet, j'avais oublié cette histoire.

HERNANI.

Celui dont le flanc saigne a meilleure mémoire.
L'affront que l'offenseur oublie en insensé
Vit, et toujours remue au cœur de l'offensé !

DON CARLOS.

Donc je suis, c'est un titre à n'en point vouloir d'autres,   1745
Fils de pères qui font choir la tête des vôtres !

DOÑA SOL, *se jetant à genoux devant l'empereur.*

Sire, pardon ! pitié ! Sire, soyez clément !
Ou frappez-nous tous deux, car il est mon amant,
Mon époux !   En lui seul je respire.   Oh ! je tremble.
Sire, ayez la pitié de nous tuer ensemble !   1750
Majesté ! je me traîne à vos sacrés genoux !
Je l'aime !   Il est à moi, comme l'empire à vous !
Oh ! grâce !

Don Carlos la regarde immobile.

Quel penser sinistre vous absorbe ?

DON CARLOS.

Allons ! relevez-vous, duchesse de Segorbe,
Comtesse Albatera, marquise de Monroy . . .   1755

A Hernani.

— Tes autres noms, don Juan ?

HERNANI.

Qui parle ainsi ? le roi ?

DON CARLOS.

Non, l'empereur.

DOÑA SOL, *se relevant.*

Grand Dieu !

DON CARLOS, *la montrant à Hernani.*

Duc, voilà ton épouse.

HERNANI, *les yeux au ciel, et doña Sol dans ses bras.*

Juste Dieu !

DON CARLOS, *à don Ruy Gomez.*

Mon cousin, ta noblesse est jalouse,
Je sais.   Mais Aragon peut épouser Silva.

DON RUY GOMEZ, *sombre.*

Ce n'est pas ma noblesse.

HERNANI, *regardant doña Sol avec amour et la tenant
embrassée.*

Oh ! ma haine s'en va !   1760

Il jette son poignard.

DON RUY GOMEZ, *à part, les regardant tous deux.*

Éclaterai-je ? oh ! non !   Fol amour !   douleur folle !
Tu leur ferais pitié, vieille tête espagnole !
Vieillard, brûle sans flamme, aime et souffre en secret,
Laisse ronger ton cœur !   Pas un cri.   L'on rirait.

DOÑA SOL, *dans les bras d' Hernani.*

O mon duc !

HERNANI.

Je n'ai plus que de l'amour dans l'âme.   1765

DOÑA SOL.

O bonheur !

DON CARLOS, *à part, la main dans sa poitrine.*

Éteins-toi, cœur jeune et plein de flamme !
Laisse régner l'esprit, que longtemps tu troublas.
Tes amours désormais, tes maîtresses, hélas !
C'est l'Allemagne, c'est la Flandre, c'est l'Espagne.

L'œil fixé sur sa bannière.

L'empereur est pareil à l'aigle, sa compagne.   1770
A la place du cœur il n'a qu'un écusson.

HERNANI.

Ah ! vous êtes César !

DON CARLOS, *à Hernani.*

De ta noble maison,
Don Juan, ton cœur est digne.

Montrant doña Sol.

Il est digne aussi d'elle.

— A genoux, duc !

*Hernani s'agenouille.   Don Carlos détache sa toison d'or
et la lui passe au cou.*

Reçois ce collier.

*Don Carlos tire son épée et l'en frappe trois fois sur
l'épaule.*

Sois fidèle !
Par saint Étienne, duc, je te fais chevalier.   1775

Il le relève et l'embrasse.

Mais tu l'as, le plus doux et le plus beau collier,
Celui que je n'ai pas, qui manque au rang suprême,
Les deux bras d'une femme aimée et qui vous aime !
Ah ! tu vas être heureux ; moi, je suis empereur.

Aux conjurés.

Je ne sais plus vos noms, messieurs.   Haine et fureur,   1780
Je veux tout oublier.   Allez, je vous pardonne !
C'est la leçon qu'au monde il convient que je donne.
Ce n'est pas vainement qu'à Charles premier, roi,
L'empereur Charles-Quint succède, et qu'une loi
Change, aux yeux de l'Europe, orpheline éplorée,   1785
L'altesse catholique en majesté sacrée.

>   *Les conjurés tombent à genoux.*

>   LES CONJURÉS.

Gloire à Carlos !

>   DON RUY GOMEZ, *à don Carlos.*
>   Moi seul je reste condamné.

>   DON CARLOS.

Et moi !

>   DON RUY GOMEZ, *à part.*
>   Mais, comme lui, je n'ai point pardonné !

>   HERNANI.

Qui donc nous change tous ainsi ?

>   TOUS, *soldats, conjurés, seigneurs.*
>   Vive Allemagne !

Honneur à Charles-Quint !

>   DON CARLOS, *se tournant vers le tombeau.*
>   Honneur à Charlemagne !   1790

Laissez-nous seuls tous deux.

>   *Tous sortent.*

SCÈNE V

DON CARLOS, *seul.*

Il s'incline devant le tombeau.

Es-tu content de moi?
Ai-je bien dépouillé les misères du roi,
Charlemagne? Empereur, suis-je bien un autre homme?
Puis-je accoupler mon casque à la mitre de Rome?
Aux fortunes du monde ai-je droit de toucher?   1795
Ai-je un pied sûr et ferme, et qui puisse marcher
Dans ce sentier, semé des ruines vandales,
Que tu nous as battu de tes larges sandales?
Ai-je bien à ta flamme allumé mon flambeau?
Ai-je compris la voix qui parle en ton tombeau?   1800
— Ah! j'étais seul, perdu, seul devant un empire,
Tout un monde qui hurle, et menace, et conspire,
Le danois à punir, le saint-père à payer,
Venise, Soliman, Luther, François premier,
Mille poignards jaloux luisant déjà dans l'ombre,   1805
Des piéges, des écueils, des ennemis sans nombre,
Vingt peuples dont un seul ferait peur à vingt rois,
Tout pressé, tout pressant, tout à faire à la fois,
Je t'ai crié : — Par où faut-il que je commence?
Et tu m'as répondu : — Mon fils, par la clémence!   1810

ACTE CINQUIÈME

LA NOCE

SARAGOSSE

Une terrasse du palais d'Aragon. Au fond, la rampe d'un escalier qui s'enfonce dans le jardin. A droite et à gauche deux portes donnant sur une terrasse, que ferme une balustrade surmontée de deux rangs d'arcades moresques, au-dessus et au travers desquelles on voit les jardins du palais, les jets d'eau dans l'ombre, les bosquets avec les lumières qui s'y promènent, et au fond les faîtes gothiques et arabes du palais illuminé. Il est nuit. On entend des fanfares éloignées. Des masques, des dominos, épars, isolés, ou groupés, traversent çà et là la terrasse. Sur le devant, un groupe de jeunes seigneurs, les masques à la main, riant et causant à grand bruit.

SCÈNE PREMIÈRE

Don Sancho Sanchez de Zuniga, comte de Monterey, Don Matias Centurion, marquis d'Almuñan, Don Ricardo de Roxas, comte de Casapalma, Don Francisco de Soto-mayor, comte de Velalcazar, Don Garci Suarez de Carbajal, comte de Peñalver.

DON GARCI.

Ma foi, vive la joie et vive l'épousée !

DON MATIAS, *regardant au balcon.*

Saragosse ce soir se met à la croisée.

DON GARCI.

Et fait bien ! on ne vit jamais noce aux flambeaux
Plus gaie, et nuit plus douce, et mariés plus beaux !

DON MATIAS.

Bon empereur !

DON SANCHO.

        Marquis, certain soir qu'à la brune   1815
Nous allions avec lui tous deux cherchant fortune,
Qui nous eût dit qu'un jour tout finirait ainsi ?

DON RICARDO, *l'interrompant.*

J'en étais.

   Aux autres.

      Écoutez l'histoire que voici.
Trois galants, un bandit que l'échafaud réclame,
Puis un duc, puis un roi, d'un même cœur de femme   1820
Font le siége à la fois.   L'assaut donné, qui l'a ?
C'est le bandit.

DON FRANCISCO.

      Mais rien que de simple en cela.
L'amour et la fortune, ailleurs comme en Espagne,
Sont jeux de dés pipés.   C'est le voleur qui gagne !

DON RICARDO.

Moi, j'ai fait ma fortune à voir faire l'amour.   1825
D'abord comte, puis grand, puis alcade de cour,
J'ai fort bien employé mon temps, sans qu'on s'en doute.

DON SANCHO.

Le secret de monsieur, c'est d'être sur la route
Du roi . . .

DON RICARDO.

Faisant valoir mes droits, mes actions.

DON GARCI.

Vous avez profité de ses distractions. 1830

DON MATIAS.

Que devient le vieux duc? Fait-il clouer sa bière?

DON SANCHO.

Marquis, ne riez pas ! car c'est une âme fière.
Il aimait doña Sol, ce vieillard.   Soixante ans
Ont fait ses cheveux gris, un jour les a fait blancs.

DON GARCI.

Il n'a pas reparu, dit-on, à Saragosse. 1835

DON SANCHO.

Vouliez-vous pas qu'il mît son cercueil de la noce?

DON FRANCISCO.

Et que fait l'empereur?

DON SANCHO.

L'empereur aujourd'hui
Est triste.   Le Luther lui donne de l'ennui.

DON RICARDO.

Ce Luther, beau sujet de soucis et d'alarmes !
Que j'en finirais vite avec quatre gendarmes ! 1840

DON MATIAS.

Le Soliman aussi lui fait ombre.

DON GARCI.
                              Ah ! Luther,
Soliman, Neptunus, le diable et Jupiter,
Que me font ces gens-là ?   Les femmes sont jolies,
La mascarade est rare, et j'ai dit cent folies !

DON SANCHO.
Voilà l'essentiel.

DON RICARDO.
              Garci n'a point tort.   Moi,   1845
Je ne suis plus le même un jour de fête, et croi
Qu'un masque que je mets me fait une autre tête,
En vérité !

DON SANCHO, *bas à Matias.*
          Que n'est-ce alors tous les jours fête ?

DON FRANCISCO, *montrant la porte à droite.*
Messeigneurs, n'est-ce pas la chambre des époux ?

DON GARCI, *avec un signe de tête.*
Nous les verrons venir dans l'instant.

DON FRANCISCO.
                              Croyez-vous ?   1850

DON GARCI.
Hé ! sans doute !

DON FRANCISCO.
          Tant mieux.   L'épousée est si belle !

DON RICARDO.
Que l'empereur est bon !   Hernani, ce rebelle
Avoir la toison-d'or ! marié ! pardonné !

(¹) *a sham nobleman made of tinsel*

Loin de là, s'il m'eût cru, l'empereur eût donné
Lit de pierre au galant, lit de plume à la dame.   1855

DON SANCHO, *bas à don Matias.*

Que je le crèverais volontiers de ma lame,

Faux seigneur de clinquant recousu de gros fil !
Pourpoint de comte, empli de conseils d'alguazil !

doublet of a count, stuffed with the advice of a police officer

DON RICARDO, *s'approchant.*

Que dites-vous là ?

DON MATIAS, *bas à don Sancho.*

Comte, ici pas de querelle !

A don Ricardo.

Il me chante un sonnet de Pétrarque à sa belle.   1860

DON GARCI.

Avez-vous remarqué, messieurs, parmi les fleurs,
Les femmes, les habits de toutes les couleurs,
Ce spectre, qui, debout contre une balustrade,
De son domino noir tachait la mascarade ?

DON RICARDO.

Oui, pardieu !

DON GARCI.

Qu'est-ce donc ?

DON RICARDO.

Mais, sa taille, son air . . .   1865
C'est don Prancasio, général de la mer.

DON FRANCISCO.

Non.

DON GARCI.

Il n'a pas quitté son masque.

DON FRANCISCO.

Il n'avait garde.

C'est le duc de Soma qui veut qu'on le regarde.
Rien de plus.

DON RICARDO.

Non.   Le duc m'a parlé.

DON GARCI.

Qu'est-ce alors

Que ce masque ? — Tenez, le voila !

Entre un domino noir qui traverse lentement la terrasse au
fond.   Tous se retournent et le suivent des yeux, sans qu'il
paraisse y prendre garde.

DON SANCHO.

Si les morts   1870

Marchent, voici leur pas.

DON GARCI, *courant au domino noir.*

Beau masque ! . . .

Le domino noir se retourne et s'arrête.   Garci recule.

Sur mon âme,

Messeigneurs, dans ses yeux j'ai vu luire une flamme !

DON SANCHO.

Si c'est le diable, il trouve à qui parler.

Il va au domino noir, toujours immobile.

Mauvais !

Nous viens-tu de l'enfer ?

LE MASQUE.

Je n'en viens pas, j'y vais.

Il reprend sa marche et disparaît par la rampe de l'escalier
Tous le suivent des yeux avec une sorte d'effroi.

DON MATIAS.

La voix est sépulcrale autant qu'on le peut dire.   1875

DON GARCI.

Baste ! ce qui fait peur ailleurs, au bal fait rire.

DON SANCHO.

Quelque mauvais plaisant !

DON GARCI.

Ou si c'est Lucifer
Qui vient nous voir danser, en attendant l'enfer,
Dansons !

DON SANCHO.

C'est à coup sûr quelque bouffonnerie.

DON MATIAS.

Nous le saurons demain.

DON SANCHO, *à don Matias.*

Regardez, je vous prie.   1880

Que devient-il ?

DON MATIAS, *à la balustrade de la terrasse.*

Il a descendu l'escalier.

Plus rien.

DON SANCHO.

C'est un plaisant drôle !

Rêvant.

C'est singulier.

DON GARCI, *à une dame qui passe.*

Marquise, dansons-nous celle-ci ?

Il la salue et lui présente la main.

LA DAME.

Mon cher comte,

Vous savez, avec vous, que mon mari les compte.

DON GARCI.

Raison de plus.   Cela l'amuse apparemment.   1885

C'est son plaisir.   Il compte, et nous dansons.

La dame lui donne la main, et ils sortent.

DON SANCHO, *pensif.*

Vraiment,

C'est singulier !

DON MATIAS.

Voici les mariés.   Silence !

*Entrent Hernani et doña Sol se donnant la main.   Doña
Sol en magnifique habit de mariée ; Hernani tout en velours
noir, avec la toison d'or au cou.   Derrière eux foule de
masques, de dames et de seigneurs qui leur font cortége.
Deux hallebardiers en riche livrée les suivent, et quatre pages
les précèdent.   Tout le monde se range et s'incline sur leur
passage.   Fanfare.*

SCÈNE II

Les Mêmes, Hernani, Doña Sol, suite.

HERNANI, *saluant.*

Chers amis !

DON RICARDO, *allant à lui et s'inclinant.*
Ton bonheur fait le nôtre, excellence !

DON FRANCISCO, *contemplant doña Sol.*
Saint Jacques monseigneur ! c'est Vénus qu'il conduit !

DON MATIAS.

D'honneur, on est heureux un pareil jour la nuit !   1890

DON FRANCISCO, *montrant à don Matias la chambre nuptiale.*
Qu'il va se passer là de gracieuses choses !
Être fée, et tout voir, feux éteints, portes closes,
Serait-ce pas charmant ?

DON SANCHO, *à don Matias.*
                    Il est tard.   Partons-nous ?
*Tous vont saluer les mariés et sortent, les uns par la porte,
les autres par l'escalier du fond.*

HERNANI, *les reconduisant.*
Dieu vous garde !

DON SANCHO, *resté le dernier, lui serre la main.*
Soyez heureux !
Il sort.
*Hernani et doña Sol restent seuls.   Bruit de pas et de voix
qui s'éloignent, puis cessent tout à fait.   Pendant tout le*

10

commencement de la scène qui suit, les fanfares et les lu-
mières éloignées s'eteignent par degrés. La nuit et le silence
reviennent peu à peu.

SCÈNE III

HERNANI, DOÑA SOL.

DOÑA SOL.

Ils s'en vont tous,

Enfin !

HERNANI, *cherchant à l'attirer dans ses bras.*

Cher amour !

DOÑA SOL, *rougissant et reculant.*

C'est . . . qu'il est tard, ce me semble. 1895

HERNANI.

Ange ! il est toujours tard pour être seuls ensemble.

DOÑA SOL.

Ce bruit me fatiguait ! N'est-ce pas, cher seigneur,
Que toute cette joie étourdit le bonheur?

HERNANI.

Tu dis vrai. Le bonheur, amie, est chose grave.
Il veut des cœurs de bronze et lentement s'y grave.   1900
Le plaisir l'effarouche en lui jetant des fleurs.
Son sourire est moins près du rire que des pleurs.

DOÑA SOL.

Dans vos yeux, ce sourire est le jour.

Hernani cherche à l'entraîner vers la porte. Elle rougit.

Tout à l'heure.

HERNANI.

Oh ! je suis ton esclave !   Oui, demeure, demeure !
Fais ce que tu voudras.   Je ne demande rien.   1905
Tu sais ce que tu fais ! ce que tu fais est bien !
Je rirai si tu veux, je chanterai.   Mon âme
Brûle.   Eh ! dis au volcan qu'il étouffe sa flamme,
Le volcan fermera ses gouffres entr'ouverts,
Et n'aura sur ses flancs que fleurs et gazons verts.   1910
Car le géant est pris, le Vésuve est esclave,
Et que t'importe à toi son cœur rongé de lave ?
Tu veux des fleurs ? c'est bien !   Il faut que de son mieux
Le volcan tout brûlé s'épanouisse aux yeux !

DOÑA SOL.

Oh ! que vous êtes bon pour une pauvre femme,   1915
Hernani de mon cœur !

HERNANI.

                    Quel est ce nom, madame ?
Ah ! ne me nomme plus de ce nom, par pitié !
Tu me fais souvenir que j'ai tout oublié !
Je sais qu'il existait autrefois, dans un rêve,
Un Hernani, dont l'œil avait l'éclair du glaive,   1920
Un homme de la nuit et des monts, un proscrit
Sur qui le mot *vengeance* était partout écrit,
Un malheureux traînant après lui l'anathème !
Mais je ne connais pas ce Hernani. — Moi, j'aime
Les prés, les fleurs, les bois, le chant du rossignol.   1925
Je suis Jean d'Aragon, mari de doña Sol !
Je suis heureux !

DOÑA SOL.

Je suis heureuse !

HERNANI.

Que m'importe

Les haillons qu'en entrant j'ai laissés à la porte ?
Voici que je reviens à mon palais en deuil.
Un ange du Seigneur m'attendait sur le seuil.   1930
J'entre, et remets debout les colonnes brisées,
Je rallume le feu, je rouvre les croisées,
Je fais arracher l'herbe au pavé de la cour,
Je ne suis plus que joie, enchantement, amour.
Qu'on me rende mes tours, mes donjons, mes bastilles, 1935
Mon panache, mon siége au conseil des Castilles,
Vienne ma doña Sol rouge et le front baissé,
Qu'on nous laisse tous deux, et le reste est passé !
Je n'ai rien vu, rien dit, rien fait.   Je recommence,
J'efface tout, j'oublie !   Ou sagesse ou démence,   1940
Je vous ai, je vous aime, et vous êtes mon bien !

DOÑA SOL, *examinant sa toison d'or.*

Que sur ce velours noir ce collier d'or fait bien !

HERNANI.

Vous vîtes avant moi le roi mis de la sorte.

DOÑA SOL.

Je n'ai pas remarqué.   Tout autre, que m'importe ?
Puis, est-ce le velours ou le satin encor ?   1945
Non, mon duc, c'est ton cou qui sied au collier d'or.
Vous êtes noble et fier, monseigneur.

Il veut l'entraîner.

Tout à l'heure !

Un moment ! — Vois-tu bien, c'est la joie ! et je pleure !
Viens voir la belle nuit.

Elle va à la balustrade.

            Mon duc, rien qu'un moment !
Le temps de respirer et de voir seulement.   1950
Tout s'est éteint, flambeaux et musique de fête.
Rien que la nuit et nous ! Félicité parfaite !
Dis, ne le crois-tu pas ? sur nous, tout en dormant,
La nature à demi veille amoureusement.
Pas un nuage au ciel. Tout, comme nous, repose.   1955
Viens, respire avec moi l'air embaumé de rose !
Regarde. Plus de feux, plus de bruit. Tout se tait.
La lune tout à l'heure à l'horizon montait
Tandis que tu parlais, sa lumière qui tremble
Et ta voix, toutes deux m'allaient au cœur ensemble,   1960
Je me sentais joyeuse et calme, ô mon amant,
Et j'aurais bien voulu mourir en ce moment !

                    HERNANI.

Ah ! qui n'oublierait tout à cette voix céleste ?
Ta parole est un chant où rien d'humain ne reste.
Et, comme un voyageur, sur un fleuve emporté,   1965
Qui glisse sur les eaux par un beau soir d'été
Et voit fuir sous ses yeux mille plaines fleuries,
Ma pensée entraînée erre en tes rêveries !

                    DOÑA SOL.

Ce silence est trop noir, ce calme est trop profond.
Dis, ne voudrais-tu point voir une étoile au fond ?   1970
Ou qu'une voix des nuits tendre et délicieuse,
S'élevant tout à coup, chantât ?…

                HERNANI, *souriant.*
                    Capricieuse !
Tout à l'heure on fuyait la lumière et les chants !

DOÑA SOL.

Le bal ! mais un oiseau qui chanterait aux champs !
Un rossignol perdu dans l'ombre et dans la mousse,   1975
Ou quelque flûte au loin ! . . . Car la musique est douce,
Fait l'âme harmonieuse, et, comme un divin chœur,
Éveille mille voix qui chantent dans le cœur !
Ah ! ce serait charmant !

    On entend le bruit lointain d'un cor dans l'ombre.

      Dieu ! je suis exaucée !

HERNANI, *tressaillant, à part.*

Ah ! malheureuse !

DOÑA SOL.

    Un ange a compris ma pensée, —   1980
Ton bon ange sans doute !

HERNANI, *amèrement.*

     Oui, mon bon ange !

Le cor recommence. — A part.

        Encor !

DOÑA SOL, *souriant.*

Don Juan, je reconnais le son de votre cor !

HERNANI.

N'est-ce pas ?

DOÑA SOL.

  Seriez-vous dans cette sérénade

De moitié ?

HERNANI.

  De moitié, tu l'as dit.

DOÑA SOL.

Bal maussade !

Oh ! que j'aime bien mieux le cor au fond des bois !   1985
Et puis, c'est votre cor, c'est comme votre voix.

Le cor recommence.

HERNANI, *à part.*

Ah ! le tigre est en bas qui hurle, et veut sa proie.

DOÑA SOL.

Don Juan, cette harmonie emplit le cœur de joie.

HERNANI, *se levant* **terrible.**

Nommez-moi Hernani ! nommez-moi Hernani !
Avec ce nom fatal je n'en ai pas fini !   1990

DOÑA SOL, *tremblante.*

Qu'avez-vous ?

HERNANI.

Le vieillard !

DOÑA SOL.

Dieu ! quels regards funèbres !

Qu'avez-vous ?

HERNANI.

Le vieillard, qui rit dans les ténèbres !
— Ne le voyez-vous pas ?

DOÑA SOL.

Où vous égarez-vous ?

Qu'est-ce que ce vieillard ?

HERNANI.

Le vieillard !

DOÑA SOL, *tombant à genoux.*

                 A genoux
Je t'en supplie, oh ! dis, quel secret te déchire ?   1995
Qu'as tu ?

HERNANI.

     Je l'ai juré !

DOÑA SOL.

        Juré ?

Elle suit tous ses mouvements avec anxiété. Il s'arrête tout
       à coup et passe la main sur son front.

HERNANI, *à part.*

            Qu'allais-je dire ?
Épargnons-la.

     Haut.

        Moi, rien.   De quoi t'ai-je parlé ?

DOÑA SOL.

Vous avez dit . . .

HERNANI.

       Non.   Non.   J'avais l'esprit troublé. . . .
Je souffre un peu, vois-tu.   N'en prends pas d'épouvante.

DOÑA SOL.

Te faut-il quelque chose ?   ordonne à ta servante !   2000
         Le cor recommence.

HERNANI, *à part.*

Il le veut ! il le veut ! il a mon serment.

Cherchant à sa ceinture sans épée et sans poignard.

— Rien !

Ce devrait être fait ! — Ah ! . . .

DOÑA SOL.

Tu souffres donc bien ?

HERNANI.

Une blessure ancienne, et qui semblait fermée,
Se rouvre . . .

A part.

Éloignons-la.

Haut.

Doña Sol, bien-aimée,
Écoute.   Ce coffret qu'en des jours — moins heureux — 2005
Je portais avec moi . . .

DOÑA SOL.

Je sais ce que tu veux.

Eh bien, qu'en veux-tu faire ?

HERNANI.

Un flacon qu'il renferme
Contient un élixir qui pourra mettre un terme
Au mal que je ressens. — Va !

DOÑA SOL.

J'y vais, mon seigneur.

Elle sort par la porte de la chambre nuptiale.

SCÈNE IV

HERNANI, *seul.*

Voilà donc ce qu'il vient faire de mon bonheur !   2010
Voici le doigt fatal qui luit sur la muraille !
Oh ! que la destinée amèrement me raille !

Il tombe dans une profonde et convulsive rêverie, puis se
détourne brusquement.

Eh bien ? . . . — Mais tout se tait.   Je n'entends rien venir.
Si je m'étais trompé ? . . .

Le masque en domino noir paraît au haut de la rampe.   Her-
nani s'arrête pétrifié.

SCÈNE V

HERNANI, LE MASQUE.

LE MASQUE.

" Quoi qu'il puisse advenir
" Quand tu voudras, vieillard, quel que soit le lieu, l'heure, 2015
" S'il te passe à l'esprit qu'il est temps que je meure,
" Viens, sonne de ce cor, et ne prends d'autres soins.
" Tout sera fait." — Ce pacte eut les morts pour témoins.
Eh bien tout est-il fait ?

HERNANI, *à voix basse.*

C'est lui !

LE MASQUE.

Dans ta demeure
Je viens, et je te dis qu'il est temps.   C'est mon heure. 2020
Je te trouve en retard.

HERNANI.

Bien.   Quel est ton plaisir?

Que feras-tu de moi?   Parle.

LE MASQUE.

Tu peux choisir

Du fer ou du poison.   Ce qu'il faut, je l'apporte.

Nous partirons tous deux.

HERNANI.

Soit.

LE MASQUE.

Prions-nous?

HERNANI.

Qu'importe?

LE MASQUE.

Que prends-tu?

HERNANI.

Le poison.

LE MASQUE.

Bien! — Donne-moi ta main. 2025

Il présente une fiole à Hernani, qui la reçoit en pâlissant.

Bois, — pour que je finisse.

Hernani approche la fiole de ses lèvres, puis recule.

HERNANI.

Oh! par pitié! demain! —

Oh! s'il te reste un cœur, duc, ou du moins une âme,

Si tu n'es pas un spectre échappé de la flamme,

Un mort damné, fantôme ou démon désormais,
Si Dieu n'a point encor mis sur ton front : jamais !   2030
Si tu sais ce que c'est que ce bonheur suprême
D'aimer, d'avoir vingt ans, d'épouser quand on aime,
Si jamais femme aimée a tremblé dans tes bras,
Attends jusqu'à demain !   Demain tu reviendras !

LE MASQUE.

Simple qui parle ainsi ! Demain ! demain !—Tu railles ! 2035
Ta cloche a ce matin sonné tes funérailles !
Et que ferais-je, moi, cette nuit ?   J'en mourrais.
Et qui viendrait te prendre et t'emporter après ?
Seul descendre au tombeau ! Jeune homme, il faut me suivre.

HERNANI.

Eh bien, non ! et de toi, démon, je me délivre !   2040
Je n'obéirai pas.

LE MASQUE.

            Je m'en doutais.   Fort bien.
Sur quoi donc m'as-tu fait ce serment ? — Ah ! sur rien.
Peu de chose, après tout !   La tête de ton père !
Cela peut s'oublier.   La jeunesse est légère.

HERNANI.

Mon père ! Mon père ! . . . — Ah ! j'en perdrai la raison ! 2045

LE MASQUE.

Non, ce n'est qu'un parjure et qu'une trahison.

HERNANI.

Duc !

LE MASQUE.

Puisque les aînés des maisons espagnoles
Se font jeu maintenant de fausser leurs paroles,
Adieu !

Il fait un pas pour sortir.

HERNANI.

Ne t'en vas pas.

LE MASQUE.

Alors . . .

HERNANI.

Vieillard cruel !

Il prend la fiole.

Revenir sur mes pas à la porte du ciel !   2050

Rentre doña Sol, sans voir le masque, qui est debout, au fond.

SCÈNE VI

LES MÊMES, DOÑA SOL.

DOÑA SOL.

Je n'ai pu le trouver, ce coffret.

HERNANI, *à part.*

Dieu ! c'est elle !

Dans quel moment !

DOÑA SOL.

Qu'a-t-il ? je l'effraie, il chancelle
A ma voix ! — Que tiens-tu dans ta main ! quel soupçon !
Que tiens-tu dans ta main ? réponds.

Le domino s'est approché et se démasque.   Elle pousse un cri,
et reconnaît don Ruy.

C'est du poison !

HERNANI.

Grand Dieu !

DOÑA SOL, *à Hernani.*

Que t'ai-je fait ? quel horrible mystère ! 2055
Vous me trompiez, don Juan !

HERNANI.

Ah ! j'ai dû te le taire.
J'ai promis de mourir au duc qui me sauva.
Aragon doit payer cette dette à Silva.

DOÑA SOL.

Vous n'êtes pas à lui, mais à moi.   Que m'importe
Tous vos autres serments ?

A don Ruy Gomez.

Duc, l'amour me rend forte. 2060
Contre vous, contre tous, duc, je le défendrai.

DON RUY GOMEZ, *immobile.*

Défends-le, si tu peux, contre un serment **juré.**

DOÑA SOL.

Quel serment ?

HERNANI.

J'ai juré.

DOÑA SOL.

Non, non, rien ne te **lie !**
Cela ne se peut pas !   Crime ! attentat ! folie !

DON RUY GOMEZ.

Allons, duc !

Hernani fait un geste pour obéir.   Doña Sol cherche à l'entraîner.

HERNANI.

Laissez-moi, doña Sol. Il le faut.   2065
Le duc a ma parole, et mon père est là-haut !

DOÑA SOL, *à don Ruy Gomez.*

Il vaudrait mieux pour vous aller aux tigres même
Arracher leurs petits qu'à moi celui que j'aime !
Savez-vous ce que c'est que doña Sol ?   Longtemps,
Par pitié pour votre âge et pour vos soixante ans,   2070
J'ai fait la fille douce, innocente et timide,
Mais voyez-vous cet œil de pleurs de rage humide ?

Elle tire un poignard de son sein.

Voyez-vous ce poignard ? — Ah ! vieillard insensé,
Craignez-vous pas le fer quand l'œil a menacé ?
Prenez garde, don Ruy ! — Je suis de la famille,   2075
Mon oncle !   Écoutez-moi.   Fussé-je votre fille,
Malheur si vous portez la main sur mon époux !

Elle jette le poignard et tombe à genoux devant le duc.

Ah ! je tombe à vos pieds !   Ayez pitié de nous !
Grâce !   Hélas ! monseigneur, je ne suis qu'une femme,
Je suis faible, ma force avorte dans mon âme,   2080
Je me brise aisément.   Je tombe à vos genoux !
Ah ! je vous en supplie, ayez pitié de nous !

DON RUY GOMEZ.

Doña Sol !

DOÑA SOL.

Pardonnez !   Nous autres espagnoles,
Notre douleur s'emporte à de vives paroles,
Vous le savez.   Hélas ! vous n'étiez pas méchant !   2085
Pitié ! vous me tuez, mon oncle, en le touchant !
Pitié ! je l'aime tant !

DON RUY GOMEZ, *sombre.*
Vous l'aimez trop !

HERNANI.

Tu pleures !

DOÑA SOL.

Non, non, je ne veux pas, mon amour, que tu meures !
Non ! je ne le veux pas.

A don Ruy.

Faites grâce aujourd'hui !
Je vous aimerai bien aussi, vous.

DON RUY GOMEZ.

Après lui !   2090

De ces restes d'amour, d'amitié, — moins encore,
Croyez-vous apaiser la soif qui me dévore ?

Montrant Hernani.

Il est seul ! il est tout !   Mais moi, belle pitié !
Qu'est-ce que je peux faire avec votre amitié ?
O rage ! il aurait, lui, le cœur, l'amour, le trône,   2095
Et d'un regard de vous il me ferait l'aumône !
Et s'il fallait un mot à mes vœux insensés,
C'est lui qui vous dirait : — Dis cela, c'est assez ! —
En maudissant tout bas le mendiant avide

Auquel il faut jeter le fond du verre vide ! 2100
Honte ! dérision !   Non.   Il faut en finir,
Bois.

HERNANI.

Il a ma parole, et je dois la tenir.

DON RUY GOMEZ.

Allons !
Hernani approche la fiole de ses lèvres.   Doña Sol se jette
sur son bras.

DOÑA SOL.

Oh ! pas encor !   Daignez tous deux m'entendre.

DON RUY GOMEZ.

Le sépulcre est ouvert, et je ne puis attendre.

DOÑA SOL.

Un instant ! — Mon seigneur ! Mon don Juan ! — Ah ! tous
deux 2105
Vous êtes bien cruels !   Qu'est-ce que je veux d'eux ?
Un instant ! voilà tout, tout ce que je réclame ! —
Enfin, on laisse dire à cette pauvre femme
Ce qu'elle a dans le cœur ! . . . — Oh ! laissez-moi parler !

DON RUY GOMEZ, *à Hernani.*

J'ai hâte.

DOÑA SOL.

Messeigneurs, vous me faites trembler ! 2110
Que vous ai-je donc fait ?

HERNANI.

Ah ! son cri me déchire.

11

DOÑA SOL, *lui retenant toujours le bras.*

Vous voyez bien que j'ai mille choses à dire !

DON RUY GOMEZ, *à Hernani.*

Il faut mourir.

DOÑA SOL, *toujours pendue au bras d'Hernani.*

Don Juan, lorsque j'aurai parlé,
Tout ce que tu voudras, tu le feras.

Elle lui arrache la fiole.

Je l'ai !

Elle élève la fiole aux yeux d'Hernani et du vieillard étonné.

DON RUY GOMEZ.

Puisque je n'ai céans affaire qu'à deux femmes,   2115
Don Juan, il faut qu'ailleurs j'aille chercher des âmes.
Tu fais de beaux serments par le sang dont tu sors,
Et je vais à ton père en parler chez les morts !
— Adieu . . .

Il fait quelques pas pour sortir.   Hernani le retient.

HERNANI.

Duc, arrêtez !

A doña Sol.

Hélas ! je t'en conjure,
Veux-tu me voir faussaire, et félon, et parjure ?   2120
Veux-tu que partout j'aille avec la trahison
Écrite sur le front ?   Par pitié, ce poison,
Rends-le moi !   Par l'amour, par notre âme immortelle !. .

DOÑA SOL, *sombre.*

Tu veux ?

Elle boit.

Tiens, maintenant !

DON RUY GOMEZ, *à part.*

Ah ! c'était donc pour elle ?

DOÑA SOL, *rendant à Hernani la fiole à demi vidée.*

Prends, te dis-je !

HERNANI, *à don Ruy.*

Vois-tu, misérable vieillard ?   2125

DOÑA SOL.

Ne te plains pas de moi, je t'ai gardé ta part.

HERNANI, *prenant la fiole.*

Dieu !

DOÑA SOL.

Tu ne m'aurais pas ainsi laissé la mienne,
Toi ! tu n'as pas le cœur d'une épouse chrétienne.
Tu ne sais pas aimer comme aime une Silva.
Mais j'ai bu la première et suis tranquille. — Va !   2130
Bois si tu veux !

HERNANI.

Hélas ! qu'as-tu fait, malheureuse ?

DOÑA SOL.

C'est toi qui l'as voulu.

HERNANI.

C'est une mort affreuse !

DOÑA SOL.

Non.   Pourquoi donc ?

HERNANI.

Ce philtre au sépulcre conduit.

DOÑA SOL.

Devions-nous pas dormir ensemble cette nuit ?
Qu'importe dans quel lit ?

HERNANI.

                              Mon père, tu te venges   2135
Sur moi qui t'oubliais !

Il porte la fiole à sa bouche.

DOÑA SOL, *se jetant sur lui.*

                              Ciel ! des douleurs étranges ! . . .
Ah ! jette loin de toi ce philtre ! — Ma raison
S'égare.   Arrête !   Hélas ! mon don Juan, ce poison
Est vivant ! ce poison dans le cœur fait éclore
Une hydre à mille dents qui ronge et qui dévore !   2140
Oh ! je ne savais pas qu'on souffrît à ce point !
Qu'est-ce donc que cela ? c'est du feu ! Ne bois point !
Oh ! tu souffrirais trop !

HERNANI, *à don Ruy.*

                              Ah ! ton âme est cruelle !
Pouvais-tu pas choisir d'autre poison pour elle ?

Il boit et jette la fiole.

DOÑA SOL.

Que fais-tu ?

HERNANI.

Qu'as-tu fait ?

DOÑA SOL.

Viens, ô mon jeune amant,   2145

Dans mes bras.

Ils s'asseyent l'un près de l'autre.

N'est-ce pas qu'on souffre horriblement.

HERNANI.

Non.

DOÑA SOL.

Voilà notre nuit de noces commencée !
Je suis bien pâle, dis, pour une fiancée ?

HERNANI.

Ah !

DON RUY GOMEZ.

La fatalité s'accomplit.

HERNANI.

Désespoir !
O tourment ! doña Sol souffrir, et moi le voir !   2150

DOÑA SOL.

Calme-toi.   Je suis mieux. — Vers des clartés nouvelles
Nous allons tout à l'heure ensemble ouvrir nos ailes.
Partons d'un vol égal vers un monde meilleur.
Un baiser seulement, un baiser !

Ils s'embrassent.

DON RUY GOMEZ.

O douleur !

HERNANI, *d'une voix affaiblie.*

Oh ! béni soit le ciel qui m'a fait une vie   2155
D'abîmes entourée et de spectres suivie,
Mais qui permet que, las d'un si rude chemin,
Je puisse m'endormir ma bouche sur ta main !

DON RUY GOMEZ.

Qu'ils sont heureux !

HERNANI, *d'une voix de plus en plus faible.*

Viens, viens ... doña Sol ... tout est sombre.
Souffres-tu ?

DOÑA SOL, *d'une voix également éteinte.*

Rien, plus rien.

HERNANI.

Vois-tu des feux dans l'ombre ? 2160

DOÑA SOL.

Pas encor.

HERNANI, *avec un soupir.*

Voici ...

Il tombe.

DON RUY GOMEZ, *soulevant sa tête, qui retombe.*

Mort !

DOÑA SOL, *échevelée, et se dressant à demi sur son séant.*

Mort ! non pas !   Nous dormons.
Il dort !   C'est mon époux, vois-tu.   Nous nous aimons.
Nous sommes couchés là.   C'est notre nuit de noce.

D'une voix qui s'éteint.

Ne le réveillez pas, seigneur duc de Mendoce.
Il est las.

> *Elle retourne la figure d'Hernani.*

Mon amour, tiens-toi vers moi tourné.   2165
Plus près . . . plus près encor . . .

> *Elle retombe.*

DON RUY GOMEZ.

Morte ! — Oh ! je suis damné.

Il se tue.

NOTES.

NOTES.

———◆———

PREFACE.

poëte mort, Charles Dovalle, died 1829.

d'Aubignac (François Hédelin), 1604–1676, a French critic, most important for his 'PRATIQUE DU THÉÂTRE' (1657), in which he formulated the well-known rules of dramatic composition, abstracted from Aristotle, which were repeated by BOILEAU ('L'ART POÉTIQUE,' 1674), and which for a century and a half served as the canon of literary criticism.

Cujas (Jacques de), 1522–1590, one of the most distinguished jurists of his time. *Coutume*, as a term of jurisprudence, means common law, as contradistinguished from written law.

talons rouges. It was one of the privileges of the nobility in France to wear red heels to their shoes.

bonnets rouges. The revolutionists of 1793 adopted the red cap as their head-dress, and ever since the **bonnet rouge** has been the symbol of revolution.

Romancero General, a collection of Spanish ballads first published in the year 1600.

Le Cid (1636), **Don Sanche** (1651), **Nicomède,** (1652), the first and third tragedies, the second a tragicomedy by CORNEILLE (1606–1684).

Molière (1622–1673).

Pendent opera . . . VIRGIL, ÆNEID IV. 88.

ACT I.

cousu de jais, *worked with jet.*

Line 3: main-forte! *Help!* a compound noun, understand *prêtez.* This word is always construed without the article; cf. **au**

feu l. 4, understand *courez.* Similar in nature is *à moi.* In *à l'as-sassin, au meurtrier, au voleur,* and like expressions, no verb is under-stood; they are formed by analogy with such exclamations as *au feu* and *à moi.*

Line 4 : **duègne,** from the Spanish **dueña.** An elderly lady, or a widow, who occupied in noble Spanish families a position combining the offices of housekeeper, lady's-maid, and governess to the younger women of the family.

Line 5 : **fiancée . . . au vieux duc . . . son oncle.** Such a marriage, though within the forbidden degrees (Leviticus xviii. 10), could be contracted through a special dispensation of the Pope.

Line 10 : **à la barbe du vieux,** *under the nose of the old man.*

Line 15 : **son vieux futur,** *her aged future husband.*

Line 20 : **choisir de . . . ou de,** *to choose between.* The original meaning of the verb is *voir, apercevoir, découvrir,* which was retained as late as the sixteenth century, though the modern meaning, *to choose,* is occasionally found earlier. It is properly a transitive verb, as in the line :

> *C'est à vous de choisir mon amour ou ma haine.*
>
> CORNEILLE, RODOGUNE.

Sentences like the one under consideration present a syntactical contamination similar to the one mentioned by WHITNEY, Gram-mar, § 34-c. The *raison d'être* of *de* is shown in l. 124, *choisir des deux,* literally *l'un des deux.* The logical construction requires *ou* without *de,* or *et* with *de. Daignez choisir cette bourse ou bien cette lame* or perhaps *daignez choisir l'un des deux cette bourse ou bien cette lame,* and *daignez choisir (de ces deux)' de cette bourse et de cette lame.*

Line 22 : Note that *si* is required as affirmative particle after a negative sentence.

Line 23 : An allusion to the story that witches ride at night on broomsticks.

Line 25 : **est-ce pas.** Note here, and often throughout the play (as in l. 454), the omission of the negative (*ne*), for metrical reasons; *n'est-ce pas* would lengthen the line by one syllable. In other cases, as in l. 435, *ne* is dropped in imitation of popular usage ; cf., in common speech, *c'est pas* for *ce n'est pas.*

Note the rhyme. It is a law of French versification, that a word cannot rhyme with itself; hence two words, seemingly identical, will have different significations. Other instances in point are *pas : pas*

157, 209, 479, 519, 1431, 1663, 1711, *suis: suis* 165; *tombe: tombe* 613, 1157, *tour: tour* 1039, *tienne: tienne* 1130, *fin: fin* 1403, *droit: droit* 1415, *grave: grave* 1899, *bien: bien* 1941, *point: point* 2141.

Line 27: seigneur, a translation of the Spanish *señor*, cf. *maître* l. 12.

Line 29: Jésus mon Dieu, a Spanish exclamation, *Heavens!* This and similar expressions occurring throughout our drama are used in the language and literature of the Romance nations merely with the force of exclamations, but being foreign to the spirit of the English language, they may properly be either omitted altogether in translation, or rendered by some other appropriate exclamation.

Line 54: de tempête et d'éclairs depends upon **ce**. Construe: *ce de tempête et d'éclairs qu'un nuage des airs peut nous jeter en passant.*

Line 55: la cape et l'épée, the regular dress of the Spanish cavaliers of that period; Spanish *capa y espada.*

Line 62: à qui voudrait . . .., *qui* is a compound relative; cf. Wh. § 103-a; E. § 277. Supply (*qui voudrait*) *avec vous.*

Line 68: lui me prend ma vie; *lui* for *il.* The tonic or disjunctive object-pronoun must be used instead of the subject-pronoun, if the subject is emphatic. Cf. Wh. § 74-a; E. § 242-note.

Line 80: finir sa journée, '*to finish out his days.*'

Line 86: va donner mesure, in prose, *va donner ta mesure.*

Line 89: par le sien. Philip the Handsome, archduke of Austria, father of Charles V., died in the year 1506. He was nominal regent of Spain for a few months only. *Sa veuve* (91) Juana, daughter of Ferdinand and Isabella, and wife of Philip, had become hopelessly insane after the death of her husband. It is perhaps impossible to know the exact idea which Hugo had in mind here, and we have to do with a case of adaptation of historical facts to suit the poet's fancy. The whole passage may be better understood by the help of the following table.

Ferdinand, Isabella,	Maximilian,
1452–1516. 1451–1504.	reigned 1493–1519.
Juana,	Philip the Handsome,
1479–1564.	1478–1507.

Charles V.
1500–1558.

Line 95 : Carlos, roi des Castilles, Spanish *rey de las Castillas.* Charles became King of Castile in the year 1516. The plural *des Castilles* relates to the old division into *Castilla la Vieja* (Old Castille) and *Castilla la Nueva* (New Castille).

Line 104: j'en arrive à m'effrayer ; *en arriver = to come to the point of ; en* stands for something indefinitely expressed, and has no translatable force in English. Cf. *en croire,* l. **719**; *en être là,* l. 735; *en être fait,* l. 808; *en finir,* l. 1990 ; cf. Wh. § 85–b.

Line 106 : Pastraña, a town in Spain on the Tagus, in the province of Guadalaxara.

Line 107 : Riche-homme, a translation into French of the Spanish *ricohombre* or *ricohome,* meaning '*man of the realm,*' '*counsellor of state.*' The word was introduced into Spain by the Goths, and is derived from Gothic *reiks,* meaning '*mighty,*' '*honorable.*' —— **grand de Castille :** *grand* (a noun), is a translation of Spanish *grande = grandee.*

Line 110: reluise ; after *tant . . . que* the subjunctive is used when the result is intended or expected.

Line 114 : tout enfant, cf. l. 93; *tout* is an adverb, cf. Wh. § 116–c, E. § 292–2 ; *while still a child.*

Line 115 : peut-être ai-je . . . ; for the order of words, cf. Wh. § 228–a, E. § 416–b.

Line 122 : le jour, *light,* i. e. *daylight.*

Line 124 : choisir des deux ; cf. l. 20.

Line 131: toutes les Espagnes, Spanish *las Españas ;* cf. l. 95; *the kingdoms of Spain.* The kingdom of Spain was formerly divided into the kingdoms of Castille, Leon, Aragon, and Navarra.

Line 134: Catalogne, *Catalonia,* a province of Aragon in the northeastern part of Spain.

Line 138: encor is a variant of *encore* which can be used in verse for purposes of rhyme (or metre as in l. 92.) Cf. *encore* l. 156. Similar variants are *Naple* 317, *Charle* 355, *Trève* 1336, *Jacque* 1148. Cf. Wh. § 236–c.

Line 159: vous me manquez ; note that *manquer* is commonly (as here) a neuter verb, *me* is the dative. *You are wanting to me,* i. e *I miss you.*

Line 169 : Hernani, or Ernani is the name of a small village in the province of Guipuzcoa in the north of Spain. In the year 1811, when Hugo was but nine years old, Mme Hugo, his mother, went with her children from Paris to Madrid, to join her husband, General Hugo, who was attached to the service of Joseph Napoleon, whom Napoleon Bonaparte had named king of Spain. On the journey, after leaving France, the first stop was made at Ernani, and Hugo was greatly impressed with the picturesque appearance of the village. The incident is related in ' V. Hugo raconté par un témoin de sa vie,' I., p. 146.

Line 170: vous vouliez d'un brigand; *vouloir de* with a noun as object may mean *to accept.*

Line 174: yeux jaloux, referring to Don Ruy Gomez.

Line 179: For meaning of *qui*, cf. l. 62. —— **s'expose à faire rire aussi son héritier**, *exposes himself (to the danger) of causing his heir to laugh* (because of the succession which would fall to the heir in case of his death).

Line 180: chacun son tour, elliptical for *chacun aura son tour.* Cf. *à chacun son tour* and *chacun à son tour.* —— **Messire**, a compound noun formed from O. Fr. *mes* = Lat. nominative MEUS (*mon* = MEUM) and *sire* = SENIOR. Cf. Italian *messer* or *messere*. Cf. *monseigneur* = MEUM SENIOREM.

Line 191: mettre à fin, *to put an end to.*

Line 195: je chiffonnais ma veste à la française, *I crumpled my French vest.* The garment called in English '*vest*' is now called in French *gilet;* Don Carlos refers to a garment '*qui se portait sous l'habit, et qui était à quatre pans, les deux de devant ayant des poches.*' (Littré).

Line 204: champions, note *combattants* used after l. 208 with the same meaning. The word may be a translation of Spanish *campeon*, since according to Littré *champion* with the signification of '*tout homme qui se bat*' is used only '*par plaisanterie.*'

Line 208: voilà de belles équipées, *here's fine business.*

Line 210: Saint Jacques monseigneur, *my Lord St. James.* According to the legend the apostle James was the chief instrument in the christianizing of Spain. After his martyrdom in Syria his body was transferred to Spain and buried at Compostella, which during the Middle Ages became quite as important a goal of pilgrimages as Rome. Under the name of Santiago of Compostella he has become the patron saint of Spain.

Line 212: nous y tiendrons tous deux; *tenir*, a neuter verb, may mean *to be contained in;* here *we shall both have room enough there.*

Line 215: **si je barricadais,** an elliptical condition, expressing a proposal = *supposing I were to barricade the door.* Understand *qu'en diriez-vous,* or a similar phrase. Cf. l. 1612, 2014.

Line 219: **par Saint Jean d'Avila.** Avila is a small town in Old Castille, northwest of Madrid. Saint John of Avila, b. about 1500, d. 1569, was a noted Spanish preacher, known as the 'Apostle of Andalusia.'

Line 222: **le Cid,** the great hero of Spanish heroic tradition, who lived in the second half of the eleventh century (b. about 1040, d. 1099). His real name is Rodrigo (or Ruy) Diaz, though he is commonly called 'el Cid Campeador.' In addition to the Poem of the Cid, more ballads and romances have been written about him than about any other Spanish hero. —— **Bernard.** Bernardo del Carpio is another of the great heroes of Spanish romances. Some forty ballads sing his prowess. He lived about the year 800.

Line 228; faisaient agenouiller leur amour aux églises, their love was such, that with it in their hearts, they could kneel devoutly in the church.

Line 234: les yeux tournés vers leurs talons, to see if anybody is following them.

Line 238: les eût tenus pour vils, *would have considered them as base, as without honor.*

Line 240: souffleté leur blason. The preceding line gives the effect of the striking of the blazon with the flat of the sword; i. e. *thus degrading their usurped nobility.*

Line 245: soldat de Zamora, a strongly fortified town in the province of Leon. The castle surrendered to Ferdinand of Castille in the year 1476, after a terrible battle fought near Toro.

Line 262: changer sa bague à l'anneau de mon doigt, *changer qu. ch. à une autre, to replace one thing by another; changer qu. ch. pour, contre une autre, to exchange one thing for another; changer qu. ch., to change (changer des habitudes); changer (as a neuter verb), with the preposition de, to change (changer d'habits, changer de ton); changer en, to change into.* Bague and anneau are almost synonymous Both the terms *anneau nuptial* and *bague de mariage* are used; *bague* has perhaps rather the meaning, — a ring for ornament.

Line 269: rien qu'en y touchant, *by merely touching them.*

Line 270: Toison d'Or. This was originally the fleece of the ram on whose back Phryxus and Helle crossed the Hellespont. The

Argonauts went in quest of this golden fleece. The *toison d'or* (also written simply *la Toison*) was an order of knighthood, established by Philip the Good, of Burgundy, in the year 1429. It was composed originally of thirty-one knights, of whom this prince was the leader, who vowed to defend the faith at the peril of their lives, just as the Argonauts had exposed their lives for the conquest of the golden fleece. They carried as badge, hanging from their collars, the golden image of a ram. Through the marriage (in 1477) of Philip's grand-daughter Mary to the emperor Maximilian, of Germany, the Order passed into the house of Hapsburg, and Charles V. became Grand Master.

Line 273: débauchés: the indefinite article, or in the plural the partitive sign, is omitted after *jamais* before a subject noun; cf. Wh. § 50-f; E. § 204-B-3.

Line 276: Tolède, Toledo, a city in New Castille, famed for its sword-blades.

Line 279: Maximilien, emperor of Germany, 1493-1519, grand-father of Don Carlos.

Line 282: sai for *sais*. French rhymes, besides having the vowel-sound in common, must be so far identical, that, in case of liaison, the finals would carry or link alike. In the case of *sais*, and the first persons singular ending in *s*, the *s* did not exist in the older stages of the language (SAPIO = *sai*). It was added by analogy to *fais*, where *s* developed according to phonetic law (FACIO > *faiz* > *fais*.) The addition of this *s* to verbs like *sais, vois, tiens*, was a matter of individual choice from the thirteenth to the sixteenth century, when it became obligatory in prose, but was still left free in poetry. Other instances of this usage are *sai* 1024 (cf. *sais* 747), *croi* 1315, 1846. Compare with this *fis : fils* 93, *Louis : fils* 341, where Hugo has made use of the older pronunciation *fi* for *fils*. In *Carlos : flots* 499, *Suez : saluez* 1151, on the other hand, he has used the rare poetical license of placing in rhyme two syllables of different pronunciation.

Line 292: Figuère or *Figuières*, Spanish *Figueras*, a city in the province of Gerona in the northeast of Spain.

Line 297: un duc de Saxe. Frederic, the Sage, duke of Saxony, 1486-1525. Upon the death of the emperor the electors offered the crown to him, but he refused in favor of Charles V.

Line 298: François premier (1515-1547), King of France, was also one of the candidates for the imperial crown of Germany.

Line 300 : Aix-la-Chapelle (pronounced *aiks*), Lat. AQUIS GRA-
NUM, a city in Rhenish Prussia. It received its name from the warm
springs existing there (cf. AQUAE SEXTIAE, now *Aix* in Provence). *La
Chapelle* was added to distinguish this town from others of the same
name ; by the term was meant the church built there by Charlemagne,
in which he was also buried. The German emperors were crowned in
that city till the year 1531. —— **Spire**, Germ. *Speyer*, a city in the
Rhenish Palatinate. where the German emperors were usually buried.
—— **Francfort**, Germ. *Frankfurt am Main*, in the province of
Hessen-Nassau. By Charles IV. (1346–1378) it was designated
' *Krönungstadt,*' but no coronation was celebrated there before the
year 1562. It was here, as a matter of fact, that the electors met.

Line 301 : garde is 3 pers. sing. pres. subj.

Line 305 : aura ceci présent, *will bear this point in mind*.

Line 307 : on est bourgeois de Gand. Charles was born in
Gand, Germ. *Ghent*, a city of Flanders, on the 24th of February, 1500.
Flanders was divided into Austrian, Dutch, and Spanish Flanders,
and Ghent was the capital of the first. Don Carlos wishes to say
that, by reason of his birth in that city, he is a citizen of the empire.
Cf. ll. 346–348.

Line 311 : Rome, Pope Leo X. (1513–1522). The fact is that
the Pope dreaded both rivals, and would have liked to engage them in
hostilities with each other. He affected perfect neutrality, but it was
soon seen that he leaned towards Charles, from whom he had, after
all, both more to fear and more to hope than from Francis.

Line 314 : ravoir la Sicile. }
Line 317 : je lui rends Naple. } Neither Naples nor Sicily had
ever belonged to the See of Rome. After the Sicilian Vespers (1282),
the Sicilians had chosen for their king Pedro III. of Aragon, and had
remained under the dominion of his descendants till the time of the
union of Ferdinand and Isabella, when the island became part of the
kingdom of Spain. Naples, which belonged originally to the same
Hohenstaufen dynasty as Sicily, had been invaded in 1266 by Charles
of Anjou, in whose family it remained till the year 1435, when it
passed into the possession of a bastard line of the House of Aragon.
In 1503 Ferdinand gained possession of it, and it formed with Sicily
a province of Spain. Yet the Pope never entirely relinquished his
claims to Naples, and only in 1511 did he grant the investiture of the
kingdom to Ferdinand.

Line 318: **si je lui laisserai rogner les ailerons,** *whether I hall allow his wings to be clipped.*

Line 320: **aller à,** *to fit, fill.*

Line 331: **coupons** is 1 pers. plur. imperative.

Line 339: **a-t-il pas,** cf. l. 25. —— **très-chrétienne;** the title of the kings of France was *most Christian*, as that of the kings of Spain, *most catholic*, and of those of Portugal, *most faithful.*

Line 340: **et vaut qu'on s'y tienne;** *se tenir à une chose = n'en vouloir plus d'autre.* Translate: *and is large enough so that one should want no more.*

Line 341: **au roi Louis,** Louis XII. of France, 1498–1515.

Line 346: **la bulle d'or.** The golden bull was given by the emperor Charles IV. of Germany, in the year 1356. It placed the power of choosing the emperor in the hands of seven electors; viz.: the archbishops of Mayence, Treves, Cologne, the duke Palatine, the margrave of Brandenburg, the king of Bohemia, and the duke of Saxony.

Line 348: **la dernière campagne,** against the Swiss and Milanese, ending with the battle of Marignan in 1515.

Line 354: As a matter of fact Charles V., who had been educated in Flanders, spoke Spanish but very imperfectly when he first came to his kingdom. According to PERRY, 'Hernani,' Rivingtons, 1888, note, 'this conversation is said to have actually taken place. The exact translation of Charles V.'s Spanish words, which form a stanza of four lines, is as follows: They will rest content with the ancient idiom of Castille, I'll go bail for it. For the language which is spoken matters not, provided that he who speaks it, speak with spirit.'

Line 358: **te revienne;** *te* is an ethical dative. *Your king must needs come back your emperor.*

Line 359· **gagner quelqu'un de vitesse** = *prévenir quelqu'un.*

Line 363: **au duc d'Arcos.** Arcos de la Frontera, a town in the province of Cadiz in Andalusia. Perhaps Hugo was thinking of Don Rodrigo Ponce de Leon, duke of Arcos, viceroy of Naples for Spain (1646). His cruelty provoked the famous insurrection under Mazaniello (1647).

Line 365: **se laisser faire,** literally *to allow himself to be dealt with,* i. e. *to submit without resistance.*

Line 367: **Galice,** a province in the northwest of Spain.

Line 368: **avoir raison de quelqu'un**, *to reduce, to master somebody ;* **raison** = *satisfaction.*

Line 375: **notre homme a la mine attrapée**, *our man looks guilty, appears to be caught.* Cf. *avoir l'air,* where the adjective may be construed as predicate to the subject or to the object, with hardly an appreciable shade of difference in the signification ; *elle a l'air bon* or *bonne,* cf. Wh. § 56–b; E. § 220–3. This double construction is not possible with *mine,* because the word refers principally to the face, whereas *air* has reference to the whole exterior appearance.

Line 377: **vous me seriez suspect pour cent raisons ;** an incomplete conditional sentence ; supply some clause like *que je ne vous trahirais point. You might be suspicious to me for a hundred reasons, and yet I would not betray you ;* cf. Wh. § 125–c.

Line 380: **qu'est ce seigneur ;** *que* for *qui* for purposes of versification. However, it must not be forgotten that *qu'est ce seigneur* is a possible construction in prose, and would mean *de quelle importance est-il ?*

Lines 385–392: The balance was equally poised between my love and my hatred, and I forgot you in loving her ; but now, since you have dared to aspire to her, whom I love, my love and hatred are joined, and the uncertain balance turns completely on the side of the latter.

Line 394: **lever**, *levee,* the reception held by a prince upon rising in the morning.

Line 395: **majordome ;** under the Merovingian dynasty, the *major domus* was the highest officer attached to the king's household.

Line 401: **mouton d'or**, an allusion to the badge of the Order of the Golden Fleece, cf. l. 270.

Line 403: **ce n'est point**, an irregular singular before a plural predicate noun.

Line 410: **presser le pas ;** generally *rendre le pas plus rapide.* Translate here, *my step seeks yours, and pursues it closely and follows it.*

ACT II.

patio, a Spanish word, meaning *a court,* situated either before or behind a house. 'Spanish houses are still built in the Moorish fashion, so as to form the sides of a square court.'

tous quatre, more commonly *tous les quatre*. —— **chapeaux ra-battus,** *with hats pulled down over their eyes,* an absolute construction.

croisée, *a window,* from *croix;* called so because the stone mullion and the transom form a cross.

Line 420: peut-être c'était in prose, *peut-être que c'était,* or *était-ce.*

Line 425: vous reste-t-il mémoire, *mémoire = souvenir.*

Line 429: ce n'est pas le souci qui m'arrête; scan the line according to the scheme 3-3 ‖ 3-3. The logical stress rests on *ce* as well *That is not at all the care which holds me.*

Line 430: j'en veux à sa maîtresse; *en vouloir à* here means *to have designs upon.*

Line 431: j'en suis amoureux fou, *I am madly in love with her.*

Line 435: cf l. 25.

Line 442: The use of a title by the king, in speaking, was held sufficient to invest with it the person addressed. Similarly a grandee was created by being commanded by the king to put his hat on. Cf. l. 1371.

Line 448: puis, qu'il en ait un fils: note *que* for *si. Si* would require the indicative and the sentence would be conditional; with *que* in its place, it becomes concessive; cf. Wh. § 138-b; E. § 403-b.

Line 449: fût-on . . . *even if* . . . subjunctive in a concessive clause; cf. Wh. 131-c; and § 227. E. § 332; cf. l. 2076.

Lines 457-459: These lines must be understood as follows: Don Carlos says, 'What is there that will make the time pass more quickly?' and Don Sancho, flattering, answers, 'We often say this when waiting for your Highness,' so anxious are we to be in your presence; whereupon Don Carlos says, ironically, 'while in your parlors my people repeat it,' wishing you were dead. The cour tiers, however, might understand it as a return of the compliment.
—— **cependant que** (l. 459) in prose, *pendant que.*

Line 474: poussez au drôle une estocade, *give the rogue a thrust.* Cp. *pousser la botte, to make a lunge, to fence.*

Line 483: un amant roi; *roi* a noun, used as adjective, = *a royal lover.* Cf. *genou vainqueur* l. 201, *rebelle empoisonneur* l. 1127, *idée esclave* l. 1458. This juxtaposition of two nouns is especially a characteristic of Hugo's style after 1852. Cf. *l'arbre éternité, la branche destin, le grelot monde, la fosse silence, la bouche tombeau* (' Con-templations,' 1856.) BIRÉ, ' V. Hugo avant 1830,' p. 406.

Line 489: n'avez-vous pas de honte, in prose, *n'avez-vous pas honte;* cf. l. 901.

Line 491: dont le roi fera bruit, *of which the king will boast.*

Line 493: que mon bandit vaut mieux cent fois. This line is an example of the alexandrine with the weakened accent of the cæsura, which forms, as it were, the intervening stage between the classic and the romantic type. It belongs to the type 4-4-4; but *mieux,* both as regards sound and sense, is important enough to allow of a pause after it, so that the line might be scanned 4-2 ‖ 2-4. *Que* is an adverb of quantity, the logical pause falls after *mieux,* and *cent fois* is merely added to intensify the idea of *que.* Translate: *Indeed, my bandit is worth a hundred times more.*

Line 495: à la hauteur, '*proportional to.*'

Line 496: certe for *certes.* Cf. l. 138.

Line 503: filles de rien, *women of ignoble birth.* An expression formed after the model of the Spanish *hidalgo = hijo de algo, a son of some consequence, of noble family, a nobleman.*

Line 510: s'agît-il pas. Cf. l. 25 and 449.

Line 516: que d'être impératrice; for construction cf. Wh. § 176-b; E. § 348.

Line 521: que vous m'aimiez ou non, a concessive clause, which may be looked upon as a paraphrase of the imperative. Cf. Wh. § 142.

Line 530: All formerly independent kingdoms in Spain, which had been united under one rule by the marriage of Ferdinand and Isabella in 1469.

Line 532: Flamands. The Netherlands were Spanish property till the year 1579, although their independence was recognized by Spain only in the year 1648.

Line 542: si l'on aime for *que l'on aime.*

Line 548: je l'eusse été chercher; *être* is used in the sense of *aller* to indicate that a person has gone to a certain place and returned. With such a signification it is used only in the past tenses. The use of *être* for *aller* with an infinitive following, as in this case, is really a popular construction, but examples of it can be found in good writers.

Line 551: bohémiens = *gypsies.* They are called *Bohemians* because their original home was believed to have been in Bohemia.

Line 555: dont un seul vous vaut tous quatre; *valoir quelqu'un = to be worth as much as some one else.*

Line 558: c'était d'un imprudent . . . et d'un lâche = *c'était l'action d'un imprudent . . . et d'un lâche.* —— **seigneur roi =** Spanish *señor rey.*

Line 562: me monte à sa taille; *monter* is here a transitive verb and *me* is its object, — '*and lifts me to his height.*'

Line 565: espoir, *hope of escape.*

Line 570: je te hais. It would be impossible to express in a translation the insult and contempt contained in this change of the pronoun *vous* to *te.*

Line 581: un bras obscur, *an unknown arm.*

Line 587: compagnon, *my fellow.*

Line 591: à moi me sont sacrés, *are worthy of my respect ; à moi* is added for emphasis.

Line 592: ça, an interjection from Lat. ECCE-HAC; translate *here !* or *come !* This word must not be confused with the familiar contraction of *cela.*

Line 596: faire les généreux, *act the generous.* —— **tourmente . . . de la main la poignée de son épée,** *toys with the hilt of his sword.*

Line 604: fiscal, *attorney-general, magistrate,* a Spanish word used with Spanish meaning. The French word *fiscal* is an adjective, and means *belonging to the treasury. Procureur fiscal* was formerly the title of the officers of the courts of the nobles, whose business it was to attend to the interests of the nobility.

Line 608: mettre quelqu'un au ban, *to lay a ban on some one, to exile him.*

Line 625: ma vengeance altérée, *my thirsting vengeance.*

Line 629: il vous sied, *it looks well in you ;* cf. l. 582.

Line 658: un sombre dénoûment pour un destin bien sombre, *a mournful end to a very mournful life.*

Line 659: traînant au flanc un souci profond, *carrying in my heart a deep sorrow.*

Line 670: For construction of *que* cf. Wh. § 173-e; E. § 360.

Line 672: froissés, '*marred.*'

Line 696: tocsin for *toquesin,* a compound noun of *toc* (*toque*) from *toquer = toucher,* and *sin =* SIGNUM *= signal,* and with extended meaning *signal-bell ;* translate *alarm-bell.*

Line 701: **sbires** from the Italian *sbirro*, bailiff. The Spanish form is *esbirro*. —— **alcades**, Spanish *alcalde = judge*. The word here has the meaning of Spanish *alcaide, jailer, warden*. Murray mentions a similar confusion of meaning regarding English *alcaid* and *alcalde ;* cf. also Webster, s. v.

Line 703: **alerte**, from Italian *all' erta*, meaning, *be upon your guard*.

ACT III.

The first impressions of this picture-gallery containing the ancestors of the family of Silva date back to the year 1811, when Hugo was but nine years old. When in Madrid, the Hugo family occupied the palace of the prince of Masserano. In this palace was a large gallery, the walls of which were covered with the family portraits of the house of Masserano. The children often played in this gallery, and Hugo was frequently seen alone in it, '*assis dans un coin, regardant en silence tous ces personnages en qui revivaient les siècles morts ; la fierté des attitudes, la somptuosité des cadres, l'art mêlé à l'orgueil de famille et de la nationalité, tout cet ensemble remuait l'imagination du futur auteur d'Hernani, et y déposait sourdement le germe de la scène de don Ruy Gomès.*' 'V. HUGO, Raconté par un témoin de sa vie.' I. p. 186.

panoplie, *set of armor, panoply*.

blanche, *pale*.

Line 719: **en croire**, cf. l. 104.

Line 723: **on n'a point de galants**, *a lady has no lovers*. Notice that Ruy Gomez employs the indefinite *on* very frequently, and that it must often be rendered in English by a noun or pronoun.

Line 732: **dérision que . . . ait oublié**, *what mockery that . . . ;* the subjunctive is required after *dérision* and similar words, which take the same construction as the verbs denoting an emotion. Cf. Wh. § 134-b-e ; E. 323-B. —— **cet amour boiteux**, *this halting love* (on account of his old age).

Line 735: **oui, c'en est là**, *yes, it has come to that.* Cf. l. 104.

Line 744: **neuve** = *new, not yet used*, whereas *nouveau* means merely *recent*.

Line 748: **j'ai nom Silva.** When an object-noun is joined so closely with its verb that the conception of the idea becomes a unit, the article is omitted. In such cases the principal idea is supplied by

the noun, and often both words can be represented by a verb commensurate with the general idea of the noun; *j'ai nom Silva =*
je m'appelle Silva. Similar expressions are *courir risque, faire signe,*
demander pardon ; cf. in our text, *faire grâce* 1. 642, *faire compliment*
l. 893, *rendre raison* l. 1248.

Line 752: qui te dois de si loin devancer au tombeau,
whose destiny it is to go so far in advance of you to the grave, ' *who*
must by long, long years precede thee to the tomb.'

Line 757: à l'aile vive et peinte, *with lively and gay wing.*
—— au langoureux ramage, *with languishing song. Ramage* literally means *branches ;* in the meaning of *song,* it is an ellipsis for the older *chant ramage,* where it is an adjective meaning 'SILVESTRIS' =
belonging to the woods.

Line 758: qui mue ainsi que leur plumage. *Muer,* Latin
MUTARE, means now only *to moult.* Here the word is used with the double meaning of *to change* and *to moult.* Translate, *have a love, that*
changes just as they moult their plumage.

Line 761: arides, *dim.*

Line 776: lambeau par lambeau s'en va, *is wasting away bit*
by bit.

Line 777: lorsqu'il trébuche au marbre de la tombe. The line is difficult to translate, because *à* here does not denote direction, but place ; literally, *as he stumbles at the marble of his tomb.*

Line 782: For construction of *que,* cf. l. 670.

Line 797: à ce propos, *in this connection ;* translate *since we*
are talking on this subject.

Line 801: non pas; cf Wh. § 169; E. 373.

Line 805: qu'il vienne; cf. Wh. §'141 ; E. 338, note 1.

Line 808: c'en est fait d'Hernani, *it is all over with Hernani.*
Cf. l. 104.

Line 811: écus du roi ; cf. l. 856.

Line 817: Note for purposes of translation, that *écrin* may mean
the jewels, or *the casket* in which they are contained.

Line 826: Armillas, a town in the province of Teruel, near
Saragossa.

Line 827: on se battait par là, *they were fighting in that neighborhood.*

Line 828: le Hernani. Note that Hugo uses the name Hernani either with an aspirate *h,* as here, or with a mute *h,* as in l. 808.

Line 833: **Madrid** (MANTUA CARPETANORUM, later MAJOR
TUM, then MADRITUM), the capital of Castille and Spain.

Line 834: **à qui**; cf. l. 62. Translate, *to any one who* . . .

Line 835: **qu'on y vienne**, *let them try it*; for construction cf.
l. 805.

Line 838: **del Pilar**, *Our Lady of the Pillar.* According to the
legend, the apostle James (*Santiago*), before going to Spain, waited
upon the holy Virgin for her benediction. She told him to build a
church to her name in that city in which the greatest number of men
should be converted to the faith. He came to the city of Saragossa,
preached there during the day, and at night he and his followers
were wont to leave the city and retire to the banks of the Ebro. On
one of these nights the blessed Virgin appeared to Santiago upon
a pillar of white marble, surrounded by myriads of angels. She
told him to build the church to her name in that place, and gave
him the pillar, upon which she appeared, that it might remain there
forever.

Line 849: **ne te fais faute de rien**, *use freely everything.*

Line 853: **l'avoir priée**, for construction cf. Wh. § 173; § 343-a.

Line 854: **mariée**, *bride.*

Line 856: **carolus d'or**, a gold coin struck during the reign of
Charles VIII. of France (1483-1498), marked with his name, and a
cross crowned with a *fleur de lis* at each of its four ends. Its value
changed according to the nature of the alloy in the metal.

Line 867: **mon hôte est un fou! votre hôte est un bandit.**
Commonly the predicate noun, when it denotes in a general way na-
tionality, or condition in life or profession, is construed without the
article, as in l. 1848, cf. Wh. § 50-b; E. § 203. When, as here, the
indefinite article is used before the predicate noun, emphasis is laid on
the fact that the subject is one of the class denoted by the predicate
noun.

Line 876: **on se marie ici! je veux en être, moi!** *There is a
wedding going on here! I wish to have a hand in it.*

Line 883: **ai-je assez de malheur** is almost equal in force to a
negative question; translate, *what else could be added to my misery!*

Line 888: **je te tiens de Dieu.** As a nobleman holds his fief
from his feudal lord, so *I hold you from God.* The duty of hospitality
was sacred and inviolable.

Line 893: **faire compliment** = *complimenter*, cf. l. 748.

Line 896: d'un beau travail, *of beautiful workmanship*.

Line 897: cent fois moins, *hundred times less so*.

Line 901: n'avoir pas; with an infinitive the usual position of both negatives in prose is before the infinitive; cf. Wh. 165–b; E. § 374.

Line 908: lui qui touche au tombeau, *he, who is at the brink of the tomb*.

Line 910: à merveille, *oh, 't is wonderful*, with ironical meaning.

Line 911: grand merci de l'amour sûr, fidèle et profond, *many thanks for steadfast, faithful, and deep love*. The phrase is also ironical and means, if that is what you call steadfast love, I want none of it.

Lines 929–932: These lines are not very clear. The meaning is: 'How could he think that my love could have so short a memory! that such men as Don Carlos could ever debase a heart, where the name of love has entered, to the level of other passions, which in their estimation are nobler!'

Line 944: Olmedo, a town in Spain, south of Valladolid, which was formerly fortified and played an important rôle in Spanish history ——Alcala, city in Spain, north of Madrid, and the seat of the famous University.

Line 945: encore un coup, *once more*.

Line 954: que ma tête proscrite aille avec ton front pur, *that my exiled head were a fit companion for your pure brow*.

Line 956: hasardeux, *daring*.

Line 973: Estremadura, formerly a province of Spain, situated between New Castille and Portugal.

Line 981: de tout ce qui m'épouse, *with all that unites with me*.

Line 988: ne te fais pas d'aimer une religion, *do not change* (for yourself) *loving into a matter of conscience*.

Line 1025: une amour, cf. the same word, l. 528, masculine. In the old language *amour* was feminine; through learned influence it became masculine again in the seventeenth century. Both genders were used indiscriminately for a long time. At present, however, it is feminine in the singular only in poetry; in the plural it may be both masculine and feminine, with but slight difference in meaning.

Line 1048: j'ai souvent . . . fait lever sur mes pas des gibiers de bourreau, *I have often caused gallows' birds to start upon my path*.

Line 1052 : Sforce, *Sforza.* The house of Sforza reigned at Milan during the fifteenth and the beginning of the sixteenth centu· ries. Together with some noble characters it contained some of the basest. Here is meant Galeazzo Maria Sforza, duke of Milan from 1466–1476, a real tyrant, a monster of debauchery, prodigality, and ferocity, without a single redeeming feature in his character. —— **Borge,** *Borgia.* The family of Borgia, originally Spanish, is noto· rious in Italian history for the crimes committed by many of its mem· bers. Two popes, Calixtus III. (Alfonso Borgia), died 1458, and Alexander VI. (Rodrigo Borgio), died 1503, belong to the family. Here is meant Caesar Borgia, died 1507, son of the Pope Alexander, before the latter ascended the papal throne, and one of the greatest monsters in a time of general depravity, when the court of Rome was the scene of all the worst forms of vice. —— **Luther,** the German ·reformer, born 1483, died 1546.

Line 1056 : ce n est pas de mon temps. Ruy Gomez thinks of himself continually as belonging to a former, nobler age. Cf. Act I. l. 222.

Line 1066 : ce n'est pas Hernani, c'est Judas qu'on le nomme, *not Hernani, but Judas is his name.*

Line 1074 : sœur du festin des sept têtes, *a sister to the ban· quet of the seven heads.* The allusion is to the collection of thirty Span· ish ballads, called the seven Lords of Lara. They lived, according to the historian Mariana, in the latter part of the tenth century. The seven sons of Gonzalo Gustio, Lord of Salas of Lara, are betrayed by their uncle, on account of a family quarrel, to the Moors who kill them. Their heads are sent to Cordova, where their father is held prisoner by the Moors, and placed upon the table at a banquet, to which he is invited in mockery by Almanzor, the Moorish lord of the castle in which he is held a prisoner. He recognizes the heads of his sons, and in his wrath he steals the scimitar of one of the Moors and slays thirteen of them, to keep his sons company. Through a later marriage with a Moorish lady, he has an eighth son, Mudara, who finally avenges his father and brothers by the death of their uncle.

Line 1076 : By Lara is here meant the uncle, who betrays the seven brothers.

Line 1102 : avec un gros d'archers, *with a troop of archers.* —— **son héraut qui sonne ;** note that a relative clause in French is often equivalent to a present participle in English ; cf. Wh. § 189–g.

Line 1113: c'est s'y prendre un peu tard pour faire le jeune homme, *this is commencing a little late to act the young man*.

Line 1114: avons-nous des turbans, *do we wear turbans?*

Line 1115: **Boabdil** or Abdallah, the last Moorish King of Grenada. He was conquered by Ferdinand in 1492, and driven from Grenada. In the following year he went to Fez, and fell in battle in the service of one of his kinsmen. —— **Mahom**, a shortened form of Mahomet. Probably no particular sovereign of this name is meant.

Line 1123: se redressant, *drawing himself up*.

Line 1130: mais qu'à cela ne tienne, *do not let that matter*. Cf. *que m'importe* l. 1194; for the omission of the impersonal subject cf. Wh. § 148-b.

Line 1136: **Toro** (Lat. OCTODURUM), a town in Leon. —— **Valladolid** (Lat. PINTIA, later VALLISOLETUM), the capital of the former kingdom of Leon.

Line 1138: A tribute of a hundred beautiful young maidens, to be paid annually, was imposed according to tradition by Abderahman, king of Cordova, upon Mauregato, king of the Asturias (783–788), for aid rendered him against his enemies. According to the historian Mariana (book vii. chap. 13) the tribute was refused by Ramiro I. (842–850), and his refusal was sustained by him in a battle fought at Albayda (Alveida), in the year 844.

The name of Galceran does not occur in connection with the ballads of the 100 virgins, but in the 'Romancero General,' ed. DURAN, vol. ii. No. 1231, there is a ballad, telling how the Almirante Galceran, a prisoner to the Moors, is to be redeemed among other things, by a gift of 100 virgins. He refuses to be ransomed in this manner, and prays to God for deliverance. During the night, two saints appear, loosen his bonds, and carry him to the gates of Tolon, where he arrives, just as the party which was to redeem him is on the point of embarking.

Line 1139: dans sa bonne foi, *from a motive of good faith*.

Lines 1141–1144: One of the historical romances tells a similar deed of a knight in a battle, which the king Don Juan I. fought against the Portuguese. The horse of the king had been killed under him, and he was fleeing on foot in danger of his life. The brave Señor de Hita y Butrago rode up, gave the king his horse, recommended his young son to his care, and met death in the king's place.

DEPPING, 'Romancero Castellano,' I. No. 227. A similar occurrence is described in a ballad of the 'Romancero General,' ed. DURAN vol. i. No. 916; and another, vol. ii., No. 981.

There are two small towns by the name of **Escalona** in Spain, one near Toledo, the other near Segovia. The name Sancho occurs frequently among the rulers of Castille and Aragon.

Line 1145: There were two kings of Aragon by the name of **Ramiro**, 842–850 and 1133–1137.

Line 1148: Grand maître de Saint-Jacque et de Cala·trava; for the dropping of the *s* in *Jacques* cf. l. 138.

Both are orders of knighthood. The order of **Santiago** (*Saint Jacques*) was formed in 1161, that of **Calatrava** in 1158. The object of both was to check the invasions of the Moors.

Line 1151: Motril, a city in Spain, in the province of Grenada. —— **Antequera,** a city in the province of Malaga, taken from the Moors in 1410. —— **Suez,** a town in the province of Coruña, in the northwest of Spain.

Line 1152: Nijar, a town in the province of Almeria, in the south of Spain.

Line 1155: Mendoza, Sandoval, Manrique, Lara, Alen·castre are all names of noble Spanish families.

Lines 1166–1175: A similar story is related in a romance on p. 306 of the 'Silva de romances viejos,' ed. J. GRIMM. A party of Castillians had sworn not to return home without the count Fernan Gonçalez, their liege lord. They carried in their train the stone image of the count, and they were resolved not to turn back till this image should turn. On the boundary of Navarra they met, however, the count, who had already been freed by the stratagem of his wife, doña Sancha.

Line 1184: la refers to *tête* in l. 1182. Ruy Gomez continues his thought, which had been interrupted by Don Carlos, and explains why people would say, *he sold the head of his host.*

Line 1187: mieux = *il vaut mieux.* The omission of *de* before *ronger* (cf. l. 516) is only a seeming one. The construction is elliptical, and *de voir*, the second member of the comparison, upon which *ronger* is dependent, is omitted.

Line 1197: que je crois, *as I believe;* similar expressions are *que je pense, que je sache.* In these constructions we have to do with a relative clause, the antecedent of which is not expressed. They indicate something existing either in idea or in reality, which is not brought into direct relation with the thought of the principal sentence. Placed parenthetically within the syntactical structure of another sentence, the clause expresses the extent of what the speaker believes, thinks, or knows, and serves to limit the statement of the principal sentence. The meaning of our line is therefore '*Ma tête vaut bien celle d'un rebelle, bien entendu je ne parle que de ce que je crois; au moins, c'est mon opinion.* Cf. TOBLER, 'Vermischte Beiträge zur französischen Grammatik,' p. 97 ff.

Line 1199 : vous êtes dégoûté, *you are hard to please.*

Line 1201 : qu'il ne soit point d'aile, *let there be no wing.*

Line 1205 : hors que . . . on ne fasse, *except you make.*

Line 1210 : It is to be noted that Jorge, duke of Alcala, does not appear in the list of 'dramatis personae.' The explanation lies in the fact, that Hugo in the earlier drafts of the play made this character play a more prominent part. These portions of the dialogue he later omitted, without dropping the whole character. He appears in a similar way in Act IV., scene 4. The portions cut out are given in the 'Edition définitive' among the 'Notes' to Hernani.

Line 1216 : que, adverb = *how.* The order of words in prose would be *qu'on est vite méchant.*

Line 1218 : j'étais grand for *j'aurais été.* This change of tense puts the result of an unreal condition as a fact, i. e. it emphasizes the condition; cf. Wh. § 119–b; E. § 308, note 1.

Line 1221 : pourtant, *and yet.*

Line 1224 : faire grâce à quelqu'un, cf. l. 748.

Line 1228 : qui ménage la tête, *who spares the head.*

Line 1233 : l'idée est triomphante, *the idea is a splendid one.*

Line 1234 : il faudra bien enfin s'adoucir mon infante, *you will have to tame down at last, my princess.*

Line 1246 : qui pleure, cf. l. 1102.

Line 1248 : rendre raison, *to give satisfaction;* cf. l. 748.

Line 1260 : tout m'est bon, *all is agreeable to me.*

Line 1261 : suprême, *last.*

Line 1285 : fais-moi cette grâce, *do me this favor;* cf. l 1224.

Line 1289 : te laisseras-tu faire, cf. l. 365.

Line 1294 : s'il te passe à l'esprit, *if it comes into your head.*

Act IV.

The cathedral at Aix-la-Chapelle consists of two parts. The older
erected by Charlemagne, and rebuilt on the old model by Otto III.,
after having been destroyed by the Normans, is an octagonal structure, surrounded by chapels and pillars, in the midst of which lies a
stone with the inscription 'CAROLO MAGNO' (not 'CAROLUS MAG-
NUS'). Over this stone is suspended the celebrated chandelier,
placed there by Frederic I. (not '*une seule lampe*'). The tomb was
opened by the emperor Otto III in the year 1000, by Frederic I.
(Barbarossa) in the year 1165, and by Frederic II. in the year 1215.
The latter placed the remains of Charlemagne in the so-called '*Karls-
schrein*,' a chest, in which they rested on the altar of the church till the
end of the eighteenth century. —— **architecture lombarde.** The
principal characteristics of Lombard architecture are low pillars (*pil-
liers bas*) and round arches (*pleins cintres*), as distinguished from
Gothic architecture with high pillars and pointed arches. —— **porte
. . . cintrée,** a door with curved top, like the arches. —— **suspendue
à une clef de voûte,** *hung from the crown of an arch.*

Line 1299: monsieur, l'électeur de Trèves; *Treves* (German
Trier) a city on the Moselle. The archbishop of Treves (one of the
seven electors, cf. l. 1349) was very persistent in upholding the candidacy of Francis I. He was the last one to join his colleagues in vot-
ing for Charles.

Line 1300: vous leur prêtez ce lieu, has reference to this meet-
ing-place in the cathedral at Aix-la-Chapelle. Politically this city was
free till the year 1792; the cathedral belonged to the diocese of
Cologne. Evidently Hugo considers it here as belonging to that of
Treves.

Line 1303: c'est jouer gros, *that is playing high.* —— **la tête
est de l'enjeu,** *your heads are at stake.*

Line 1306: ils auront moins de chemin à faire, *they will
have less distance to go* (to the grave).

Line 1308: château-fort, *castle redoubt.*

Line 1309: Altenheim. The only place of that name on record
is a small village near Kehl in the duchy of Baden, of course too far
removed from Aix-la-Chapelle to be connected by underground passages with the cathedral.

Line 1313: Gotha; formerly an independent duchy of the German empire, but now politically united with Coburg under the name of Saxe-Coburg-Gotha.

Line 1314: **Hohenbourg**, a small town in the Palatinate.

Line 1324: **Avila**, a city in Spain, in the province of the same name, and the seat of a bishopric.

Line 1329: **Lutzelbourg**, the German name for the duchy of Luxembourg, usually written *Lutzelburg*.

Line 1330: **trop grand de la tête**, *a head too large ; de* denotes the measure of difference = by how much; cf. Wh. § 61–c; E. § 211.

Line 1331: **Astorga** (Lat. ASTURICA AUGUSTA), a city in the province of Leon, and the seat of a bishopric.

Line 1339: **deux nouveaux venus**; cf. Wh. § 56–d.

Line 1346: **loin que . . . s'émousse**, *far from suffering my sword to become lenient towards factions, I shall lend it to him (the hangman), if his axe grows dull.*

Line 1349: The electoral college consisted, at this particular time, of Albert of Brandenburg, archbishop of Mayence, Hermann Count de Wied, archbishop of Cologne, Richard de Greiffenklau, archbishop of Treves, Lewis, king of Bohemia, Lewis, count palatine of the Rhine, Frederic, duke of Saxony, and Joachim I., marquis of Brandenburg. They met in Frankfort-on-the-Main in the year 1519. The election was decided on the 28th of June of the same year, and the news of it was conveyed in nine days from Frankfort to Barcelona, where Charles was detained by the obstinacy of the Catalonian cortes.

Line 1357: **des princes de Hesse.** The electorate of Hesse-Cassel was, as a matter of fact, established only in the year 1802, and even then it was merely nominal.

Line 1360: **des couronnes.** The electoral crown (or better cap) was a scarlet cap, turned up with ermine; it was closed with a semi-circle of gold, covered with pearls, and on the top was a globe with a cross on it, also of gold.

Line 1362: **dans ma peau de lion emporter comme Hercule.** The first of the twelve labors, imposed by Eurystheus upon Hercules, was to destroy the lion which haunted the forests of Nemea and Cleonae. The skin of this lion Hercules ever afterwards wore as armor. When, later, in the course of his travels, he came into the country of the pygmies, two whole armies of them attacked him, while he was asleep, but he rolled them up in this lion's skin.

Line 1363: démailloté, *unswathed*, here, **stripped**.

Line 1364: Triboulet, the celebrated dwarf and court **fool of** Francis I. of France, and hero of Hugo's drama 'Le roi s'amuse.' Translate, *they would be still smaller than Triboulet;* cf. *j'ai la tête de moins que lui, I am a head shorter than he.*

Line 1360: **Gand**, cf. l. 307. —— **Tolède** (Lat. TOLETUM) a city in New Castille. —— **Salamanque** (Lat. SALAMANCA), a city in Leon, and seat of the famous university.

Line 1371: **vous vous couvrez.** The grandees of Spain have the right of remaining covered in the presence of the king (cf. l. 442), of being addressed with the pronoun 'thou,' and as 'cousin' (cf. l. 1129).

Line 1372: **tu me fais pitié**, *I pity you*, literally, *you cause pity* (to arise) *in me*.

Line 1373: **engeance intéressée**, *greedy brood*.

Line 1376: **émietter**, *to throw out crumbs* (as to chickens), here '*deals out.*' There is here a play on the word *basse-cour* with the hyphen = *poultry yard*, and without the hyphen, as it is written in some editions = *base court*.

Line 1379: **Altesse** was the title by which kings were addressed. As a matter of history, Charles, soon after his elevation to the imperial throne, assumed the title of 'majesty,' even in public writs which he issued as king of Spain, and he required this title from his subjects as a mark of respect. The other European courts soon followed the example of the Spanish.

Line 1388: **peut-être on voudra d'un césar**, *vouloir de* here. *to look with favor upon;* cf. l. 170. The order of words in prose would be, *peut-être voudra-t-on . . .*

Line 1396: **Corneille Agrippa** (of Nettesheim), a knight, doctor, and by common reputation a magician (1486-1535). He was appointed historiographer to Charles V. in 1529. Astrology was commonly practised in those days, but there is no reason to believe that the present instance has any foundation in history. —— **en sait bien long**, *knows very much about it, is an adept in such matters.*

Line 1400: **Jean Tritême** (*Tritheim*) 1462-1516, abbot of Würzburg, renowned as a chronicler and theologian. He was also accused of practising magic.

Line 1410: **celui dont une armée explique le système**, *he for whom an army reads the stars.*

Line 1417: force canons = *beaucoup de canons ; force* is a noun, meaning *a great quantity*, and regularly omits the preposition *de* in the partitive construction depending upon it.

Line 1418: dont le souffle embrasé ferait fondre des villes, *whose burning breath would cause cities to melt.*

Line 1421: baste, *enough*, from Italian *basta.*

Line 1426: nécromant du coin, *necromancer, who has his place at the street corner.*

Line 1429: Limbourg (on the Lahn); the town in 1404 after the extinction of its own line of counts passed into the possession of the archbishop of Treves; cf. l. 1300. —— gardien capitulaire, guardian appointed by a capitulary, a body of laws or statutes.

Line 1442: for construction of *que*, cf. l. 670.

Line 1453: au besoin des temps, *according to the needs of the time.*

Line 1455: creuse un sillon, *leave its mark ;* ' *delve a groove.*'

Line 1457: diète, the highest deliberative assembly in the old holy Roman empire, here the meeting of the electors. —— conclave, the meeting of the cardinals, for the purpose of electing a pope.

Line 1458: l'idée esclave; cf. l. 483.

Line 1459: ses pieds = *les pieds de l'idée.*

Line 1460: The globe is the sign of imperial power, the tiara is the triple crown of the pope.

Line 1481: o rage, ne pas l'être! et sentir son cœur plein de courage! A master stroke of Hugo, to make Charles V. at the eve of his election so anxious to obtain a throne, which thirty-six years later (1556) he abdicated, sick at heart, and tired of life, to pass his last years in the monastery of St. Justus in Estremadura. The idea becomes all the more impressive, if we are to believe one of his German biographers, that Charles had formed this resolution even thirty years before he executed it.

Line 1491: remettant au moule de leurs mains, *putting into the form made by their hands.*

Line 1500: que tout tienne là; cf. l 212.

Line 1511: que m'importe; cf. l. 1130. —— j'y touche, *I touch it, am near it,* i. e. *I almost possess it ;* cf. l. 908.

Line 1519: ducs à fleurons, *dukes with flowered blazons.*

Line 1526: qui . . . nous arrive fanfare, *which . . . comes to our ears like a flourish of trumpets ; fanfare* is a predicate nominative.

which construction (without article, and frequently with *en = en qualité de*), denotes often an accompanying characteristic of the subject.

Line 1529: **base de nations ;** *de nations* denotes material as in *table de bois.* Cf. Wh. § 33 ; E. § 210.

Line 1532: **flots vivants . . . à leur vaste roulis,** *living waves, which ever clasping it in their folds, rock it, quivering on their mighty swell.*

Line 1535: **si bien, que** (*so much that*), = *so that.*

Line 1547: **pourvu qu'en ce moment il n'aille pas me prendre un éblouissement,** *provided at that moment a dizziness does not lay hold on me.* Any intransitive, reflexive, or passive verb may be made impersonal in French, by using *il* as the grammatical subject, and placing the logical subject in the predicative position.

Line 1557: **il** = *ce.*

Line 1558: **puisse,** subjunctive in a relative clause, modifying a noun determined by *ne–que,* similar in nature to the subjunctive after a superlative, or word akin in meaning, as in the sentence *c'est le seul homme dont l'âme puisse s'élargir avec la fortune.* —— **s'élargir,** *to keep pace.*

Line 1570: **et se retient d'en rire,** *and refrains with difficulty from laughing at him;* 'with scorn that is but half restrained.'

Line 1579: **dût en parlant . . .** *even if . . . ;* cf. l. 449.

Line 1584: **souffle d'aquilons,** translate, *a chilling breath Aquilons,* usually singular, is here plural to rhyme with *parlons.*

Line 1597: **entrons toujours,** *let us enter nevertheless.*

Line 1602: **qui vive,** *who goes there?* An elliptical question, meaning literally, 'for whom do you shout *vive*,' to which the answer was *vive le roi,* or some similar expression. This original meaning is however completely lost, as is shown by the answer given in the text. Cf. also the expression *être sur le qui vive, to be on one's guard.*

Line 1607: **qu'il en soit . . . ce flambeau,** *let it be with his brow as with this torch,* i. e. *let his brow be treated as this torch.*

Line 1616, **très auguste,** the *epitheton ornans* of the word emperor. The word is derived from the Latin AUGUSTUS, a surname which was given to the emperor Octavius after he had attained to undivided authority, and after him it was applied to all the Roman emperors. Later 'SEMPER AUGUSTUS' was also used. It is connected with the verb AUGEO, literally *to increase ;* cf. the German expression '*Allezeit Mehrer des Reichs.*'

Line 1622 : **faisons un grand prêtre,** *let us choose a great high priest.*

Line 1624 : **meure comme un hébreu.** The Jews were looked upon as sorcerers, and subject to much persecution at the time.

Line 1626 : **chevalet,** literally, *a wooden horse.* An instrument of torture in the shape of a wooden horse, with a very pointed back, upon which the criminal was placed, and weights attached to his feet. —— **lampes ardentes,** referring to the persecution of the Jews. The torture consisted in holding burning lamps under the feet, hands, and eyes, of the accused, to make him confess a crime, even if imaginary ; cf. *meure comme un hébreu,* l. 1624.

Line 1629: **poursuivie,** feminine, to agree with the logical antecedent of *que* (*vengeance*).

Line 1635 : **ce coup à frapper ;** *à frapper* stands in attributive relation to coup ; *this blow which is to be dealt.* Cf. Wh. § 182–c ; 174–c ; E. § 352.

Line 1641 : **je tiens,** *I retain, I keep.*

Line 1653 : **sans nous y soustraire,** *without shrinking.*

Line 1656 : **messieurs, allez plus loin,** *gentlemen, stand further off.*

Line 1665: **sanglantes,** predicate adjective. Cf. l. 1526.

Line 1675. Note that the marquis of Almuñan has no place in the list of ' dramatis personae.' Cf. l. 1210.

Line 1676: **alcade,** here *judge.* Cf. l. 701.

Line 1677 : **chambre dorée,** referring to the hall of the electors in the ' Roemer ' or 'guild-hall ' in Frankfort, where the electors assembled to choose the emperor. —— **le roi de Bohême et le duc de Bavière.** The duke of Bavaria did not take part in this election at all. He and the count Palatine long exercised the right of electors by turns. It was the latter who brought the news of the election to Barcelona, at the head of a solemn embassy.

Line 1683. Cf. l. 297.

Line 1707 : **nous gravions la sentence au mur de Balthazar,** *we were writing the death sentence on the wall of Belshazzar ;* an allusion to Book of DANIEL, chap. v.

Line 1714 : **à faire du blason rayer ta baronnie,** *to cause your baronage to be erased from your escutcheon.* The meaning *livre héraldique, herald's register,* which the line seems to require for *bloson,* is not given in French dictionaries.

Line 1716: Les rois Rodrigue font les comtes Julien
Roderic, generally known as the last king of the Goths (709–711)
According to the story, Julian, governor of the Gothic possessions in
Africa, had a daughter called Florinda, or la Caba, who was dishon-
ored by King Roderic at his court. To avenge his daughter's honor,
Julian leagued himself with the Moors, and aided them to enter
Spain. Hugo's brother, Abel, edited in 1821 the eighteen romances
telling of this occurrence under the title ' Romancero e Historia del
Rey de España, don Rodrigo, Postero de los Godos.'

Line 1724: Segorbe, a town in the former province of Valencia,
taken from the Moors by Jayme I. of Aragon in the year 1245. ——
Cardona, a town in Catalonia, northwest of Barcelona.

Line 1725: Monroyo, a town in Aragon, southeast of Saragossa. —— **Albatera,** a town in Valencia, northeast of Orihuela.

Line 1726: Gor, a town in Andalusia, north of Granada.

Line 1727: grand maître d'Avis. The order of Avis was
founded in 1162 by Alfonso I. of Portugal. Its centre was at first
at Coimbra, then at Evora, and later at Avis. In 1551 it was united
to the crown of Portugal. Because this order had some institutions
similar to those of the order of Calatrava, and because the two bore
some relation to each other, these knights were often called knights
of Calatrava.

Line 1734: couvrons-nous, grands d'Espagne; cf. l. 1371.

Line 1742: dont le flanc saigne, *whose bosom (heart) bleeds.*

Line 1764: laisse ronger ton cœur; cf. the difference in
meaning in **laisse régner l'esprit,** l. 1767.

Line 1775; par St. Etienne; *by Saint Stephen.*

Line 1777: au rang suprême, *to the highest station.*

Line 1789: qui donc nous change, rare usage for *qu'est-ce qui
nous change;* cf. Wh. L. xxv.-3. —— **vive Allemagne;** note the
omission of the article on account of the metre.

Line 1791: es-tu content de moi. Note the difference between *de* and *avec; de* means source or motive, *avec* simple accom-
paniment. —— *es-tu content avec moi = are you satisfied in my society.*

Line 1792: ai-je bien dépouillé les misères du roi, *have I
worthily cast off the weaknesses of the king* (that were mine, when I
was a king).

Line 1796: semé de ruines vandales, *strewn with wild ruins.*
The adjective *vandale* (cf. English vandalism) is derived from the

name of the Vandals, a northern tribe, who overran the south of Europe and finally settled in North Africa. It received its meaning of *wild, barbarous, hostile to arts and literature,* by allusion to the sack of Rome in 455, and the destruction which the Vandals left everywhere behind them.

Line 1803 : le Danois. Here is probably not meant **Christian II.** (1513–1559), who in 1515 had married a sister of Charles V., but Frederick of Holstein, a rival king. Christian was a tyrant, hated by the nobles, and obliged by them to flee from the country in 1523. Even before that year they had offered the crown to Frederick, who had accepted it. Christian spent twenty-seven years (1532–1559) in prison, insane.

Line 1804 : Venise. The republic of Venice, on account of its jealousy to the house of Austria, whose ambition and neighborhood had been fatal to its grandeur, opposed the candidacy of Charles for the imperial throne and formed an alliance with Francis I. —— **Soliman III.,** the Magnificent, emperor of Constantinople 1520–1566, captured Belgrade 1521, and besieged Vienna 1529. He raised the Turkish empire to the highest point of its greatness.

Act V.

Line 1813 : noce aux flambeaux, *wedding by torchlight.*

Line 1822 : mais rien que de simple en cela, *but (there is) nothing but (what is) simple in that.*

Line 1824 : jeux de dés pipés, *games with loaded dice.*

Line 1827 : sans qu'on s'en doute, *without anybody's suspecting it.*

Line 1836 : vouliez-vous pas . . . de la noce, for *vous ne vouliez pas . . ., you surely did not wish that he should bring his coffin to the wedding.*

Line 1838 : le Luther, *that fellow Luther.* The article may be used, as here, with a proper name, to denote contempt.

Line 1840 : que j'en finirais vite, *how quickly I would dispose of him.*

Line 1848 : que n'est-ce alors tous les jours fête ; *que = pourquoi ; why is there not merry-making every day ! (would there were . . .)*

Line 1857: faux seigneur de clinquant, recousu de gros fil, *a sham nobleman made of tinsel, stitched together with coarse thread.*

Line 1858: pourpoint de comte, empli de conseils d'alguazil, *doublet of a count, stuffed with the advice of a police-officer.* —— alguacil, Spanish for *police-officer*, from Arabic *al-vazîr.*

Line 1860: un sonnet de Pétrarque à sa belle, *a sonnet of Petrarca to his lady.* PETRARCA is a celebrated Italian poet (1304-1374) especially renowned for his sonnets (*rime*) to Laura, the lady addressed in them.

Line 1867: il n'avait garde = *il n'y avait pas de danger qu'il le fît, he was very careful not to do so.*

Line 1873: il trouve à qui parler, *he finds his match* (i. e. somebody who is not afraid to speak with him).

Line 1882: c'est un plaisant drôle, *he is a queer fellow.*

Line 1913: de son mieux, *as best it can.*

Line 1937: vienne ma doña Sol, for *que ma doña Sol vienne.*

Line 1942: fait bien, *looks well.*

Line 1954: la nature à demi veille amoureusement, '*nature, half waking, watches us with love.*'

Line 1956: embaumé de rose, '*perfumed by roses.*'

Line 1957: plus de feux, *no more light*; cf. Wh. § 168; E § 388, note 1.

Line 1963: à cette voix céleste, *on hearing this heavenly voice.*

Line 1972: capricieuse, *how whimsical you are!* (in a good natured sense.)

Line 1973: on fuyait, *you fled.* Cf. l. 723.

Line 1974: le bal, *that was the ball.* The idea of the next line is, *but I would not seek to escape from,* etc.

Line 1984: bal maussade, *tedious ball! how much better,* etc.

Line 1990: avec ce nom fatal je n'en ai pas fini, *I have not yet done with this fatal name*; cf. l. 104.

Line 2014: cf. l. 1292-1296.

Line 2024: prions-nous, *shall we pray?*

Line 2041: je m'en doutais. Cf. l. 1827.

Line 2048: se font jeu de fausser leurs paroles, *make sport of breaking their word.*

Line 2050: revenir sur mes pas à la porte du ciel, *to retrace my steps, when at the door of heaven* (i. e. union with doña Sol).

Infinitives may be used without a preposition in exclamations, to denote an action which is to take place. The construction is then elliptical, and the verb or phrase on which the infinitive would depend is omitted; cf. Wh. § 176-g; E. § 345.

Line 2056: j'ai dû te le taire, *I have been forced to keep it from you.*

Line 2071: j'ai fait la fille douce; cf. l. 1113.

Line 2076: fussé-je; for construction cf. l. 449; for the form of the verb cf. Wh. Part I, § 21-c, or L. xviii.–10–c; E. § 151–a.

Line 2080: ma force avorte dans mon âme, '*my strength dies out within my soul.*'

Line 2084: notre douleur s'emporte à de vives paroles, '*our grief bursts forth in stormy words.*'

Line 2091: de ces restes d'amour, *with those remnants of love.*

Line 2092: croyez–vous apaiser; for construction cf. Wh. § 176–c; E. § 362.

Line 2096: d'un regard de vous il me ferait l'aumône, *he would dole out to me like alms a look from you.*

Line 2097: un mot à mes vœux insensés, *an answer to my mad prayers.*

Line 2108: on laisse dire . . ., *laisse* = 3 pers. sing. pres. ind.; a circumlocution of the imperative; cf. the expression *on n'entre pas.*

Line 2158: puisse; cf. Wh. § 134–a; E. 323–a.

Line 2161: se dressant à demi sur son séant, *rising to a half-sitting position.*